Attilio Gigli

Passanti

Passersby

A mia sorella Alba con gratitudine
To my sister Alba with thanks

A Pina e Marzia
To Pina and Marzia

Attilio Gigli

Passanti

Passersby

Testo di / Text by Roberta Valtorta

CHARTA

Progetto grafico / Design
Gabriele Nason

Coordinamento redazionale / Editorial Coordination
Emanuela Belloni

Redazione / Editing
Elena Carotti
Charles Gute

Copy e ufficio stampa / Copywriting and Press Office
Silvia Palombi Arte&Mostre, Milano

*Grafica web e promozione on-line / Web Design
and On-line Promotion*
Barbara Bonacina

ISBN 88-8158-414-X

Edizioni Charta
via della Moscova, 27
20121 Milano
Tel. +39-026598098/026598200
Fax +39-026598577
e-mail: edcharta@tin.it
www.chartaartbooks.it

Printed in Italy

Un ringraziamento particolare a
A special thanks to
Cesare Ballardini
Michele Buda
Guido Guidi
Mattia Saligardi
Giovanni Zaffagnini

Le fotografie sono state scattate negli anni 1993-1996 nell'area autogrill di Castel San Pietro Terme, Bologna (autostrada A14) e nel centro storico di Milano, Bologna, Padova e Verona.
These photographs were taken between 1993 and 1996 at the motorway service station of Castel San Pietro Terme, Bologna (A14 motorway) and in the old city centers of Milan, Bologna, Padua and Verona.

La stampa (22x22 cm) ai sali d'argento è stata curata dall'autore che ha utilizzato una carta baritata "Oriental" (24x30 cm).
The photographs (22x22 cm) were mounted by the artist after being printed on "Oriental" barite paper (24x30 cm) using a silver salt process.

Piccoli sogni impossibili
Roberta Valtorta

Sfogliando le pagine di questo libro, ci troviamo di fronte a una serie di figure in bianco e nero riprese per la strada oppure in spazi pubblici molto tipici della nostra contemporaneità, quali sono i parcheggi degli autogrill: luoghi di transito e di breve sosta, definiti fino a qualche anno fa "nonluoghi" e invece, in tempi recenti, capiti nella loro strana complessità di "nuovi luoghi" capaci a loro modo di assumere significato simbolico, pur rimanendo ambienti provvisori e in attesa di una più descrivibile identità.

Il progetto fotografico di Attilio Gigli, come l'autore stesso afferma, presenta due orientamenti diversi che convivono nelle stesse immagini in modo interessante.

Da un lato, Gigli osserva le donne nella loro possibile bellezza, nella gestualità, nelle eventuali diverse individualità che la fotografia può cogliere, forse solo sfiorare quando si tratta di veloce fotografia "di strada". Mira dunque a una sorta di avvicinamento a figure di persone del tutto ignote. È il suo, come il nostro quando siamo nella strada fra la gente, un indiretto, diagonale interrogarsi sull'altro, e in particolare sul sesso femminile.

Dall'altro però, Gigli sceglie il luogo pubblico, con tutta la carica di anonimità e la difficoltà di definizione che esso possiede, la latitanza dei significati, il suo essere uguale, somigliante, ovunque o quasi – come teatro di queste figure. In questo modo affida le persone alla loro solitudine, non aiutando la loro individualità attraverso la scelta di un contesto coerente (come sarebbe nel ritratto ambientato in un luogo al quale la persona appartiene).

"Guardo l'intimità del gesto, colto *proprio* nel luogo pubblico", scrive in una pagina di appunti, indicando il tentativo di conciliare due opposti: l'intimità e il pubblico, e ancora più esattamente, il pubblico contemporaneo. Un piccolo sogno, forse un timido sentimentale omaggio all'universo femminile, si misura con le durezze e l'indifferenziato aspetto dei luoghi di tutti e di nessuno – e in questo sta la particolarità di queste fotografie.

Gigli non è interessato a nessun tipo di racconto, non costruisce storie, non ricerca particolari momenti della vita meritevoli di essere scelti attraverso l'atto fotografico: non è un reporter ma, fedele ai principi della fotografia di Walker Evans, Lee Friedlander, Garry Winogrand, e poi Robert

Adams (per indicare qui una possibile linea di sviluppo e di tendenza), è quello che possiamo definire un fotografo osservatore della realtà. In particolare, come egli annota nel suo scritto, sceglie l'approccio del *pure recording*, lasciando che sia il soggetto stesso a farsi figura e a determinare l'immagine: "Ho scattato le mie fotografie per le strade affollate delle città, *camminando, senza mirare* in modo da riprendere i soggetti ignari (soprattutto donne), senza attirare l'attenzione su di me". Il fotografo dunque progetta di assentarsi dall'immagine, riportando questa al suo stato originario di registrazione del reale visibile e liberando il terreno da ogni preoccupazione di carattere compositivo e formale, e insieme ripulendola da qualsiasi connotazione o accento simbolico. E la sua scelta è sostenuta anche dall'impiego di un bianco e nero volutamente "normale" e privo di virtuosismo e di esibizione di capacità di controllo tecnico particolare.

Nel suo progetto Gigli è certamente aiutato dall'ambiente neutrale e generico delle strade e dei parcheggi degli autogrill, e l'indeterminatezza di questi luoghi egli incarica di indicare la nostra condizione di uomini (e donne) contemporanei: luoghi muti, opachi sui quali scorrono frammenti di sradicate esistenze simili fra loro. Nella fotografia di Gigli questo stato dei luoghi si associa a una serie di elementi "interni" alla ripresa fotografica che concorrono ad accrescere il sentimento di assenza: le molte direzioni degli sguardi, molto raramente rivolti alla macchina; i tagli casuali sulle figure, spesso troncate in punti del corpo non "canonici", oppure il loro galleggiare nello spazio; le frequenti riprese di spalle, con l'inevitabile senso di pedinamento che esse comportano; il mutare del punto di vista della macchina, elemento di costante, seppur appena percettibile, destabilizzazione; la presenza quasi ossessiva di gambe che vanno in ogni direzione, come in un vano, perduto avanzare.

Eppure in queste fotografie in cerca di una intimità impossibile è possibile percepire, insieme a un'ironia sottile, anche un labile, sorridente segno di tenerezza, come un senso di benevolente comprensione nei riguardi delle innumerevoli esistenze che percorrono i luoghi di tutti in compagnia della loro sperata bellezza. Di esse nulla sapremo, se non che ci sono ignote.

Small Impossible Dreams
Roberta Valtorta

Leafing through the pages of this book we are confronted with a series of black and white photographs of figures taken on the street or in other public places typical of daily life. Motorway service stations – zones of transit and brief stops, defined as "non-places" until a few years ago – have recently become understood in their strange complexity as "new places," able in their own way to assume a symbolic meaning while remaining temporary habitats attendant to a more definable identity.

Attilio Gigli's photographic project, as he says himself, presents two different orientations that cohabit the same images in an interesting way.

On one hand Gigli observes women: their potential beauty, their gestures and the gradual idiosyncrasies that photography is able to capture or perhaps merely touch upon when it is a matter of quick-draw "street" photography. He aims, therefore, to get closer to the figures of completely unknown people. And his gaze, like our own when we are out in the street surrounded by people, is an indirect, oblique examination of the other, and in particular of the female sex.

On the other hand, however, Gigli selects the public place – with its entire burden of anonymity and the difficulty of defining it, the flight of meaning, its being identical, similar, everywhere or almost everywhere – as a stage for these figures. In this way he leaves people to their solitude, not enhancing their uniqueness through the choice of a coherent context (such as a portrait taken in a person's natural habitat).

"I look at the privacy of the gesture, captured *precisely* in the public arena," he writes in a page of notes, indicating the attempt to reconcile the two opposites: the private and the public and, to be even more accurate, the contemporary public. A small dream, perhaps a timid sentimental homage to the female universe, competes with the harshness and sameness of places that belong to everybody and nobody. And herein lies the peculiarity of these photographs.

Gigli is not interested in any kind of anecdote. He does not make up stories. He does not look for particular moments in life worthy of being chosen by photographing them. He is no reporter but, faithful to the photographic principles of Walker Evans, Lee Friedlander, Garry Winogrand and Robert Adams (to indicate here a possible line of development and tendency), he is what we might define as a photographer who observes reality. In particular, as he notes in his writings, he chooses the tactic of *pure recording*, leaving the subject itself to cut a figure and determine the shot: "I took my photographs on crowded city streets, *walking without aiming the lens* so as to photograph the heedless subjects (above all women) without attracting attention to myself." The photographer therefore plans to absent himself from the image, taking it back to its original state: a recording of what is visible and tangible, freeing it from every preoccupation of a compositional and formal nature and, at the same time, wiping it of any connotation or symbolic emphasis. And his choice is also upheld by the use of black and white, deliberately "ordinary" and void of any virtuosity or display of any particular technical skill.

Gigli is certainly helped in his project by the neutral and generic environment of the streets and motorway service station parking lots, and he leaves it to the indeterminacy of these places to reveal our condition as contemporary men (and women): mute, opaque places where fragments of similarly uprooted lives flow. In Gigli's photography this state is associated with a series of elements "internal" to the shot which compete to increase the feeling of absence: the many directions the eyes are looking in, very rarely turned towards the camera; the casual slant on the figures, the bodies often truncated at "unusual" points, the way they float in space; the frequent shots of backs, with the inevitable sense of shadowing this brings; the shifting point of view of the camera, the constant, though barely perceptible, element of destabilization; the almost obsessive presence of legs going in every direction, as though advancing vainly, futilely. And yet in these photographs, in the futile search for intimacy, one perceives, along with a subtle irony, a fleeting, smiling mark of tenderness, like a sense of benevolent understanding of the infinite lives which cross everyone's path along with their desired beauty. Of them we know nothing, only that they are unknown.

Io dedico questa canzone
(…)
A quella quasi da immaginare
Tanto di fretta l'hai vista passare
Dal balcone a un segreto più in là
E ti piace ricordarne il sorriso
Che non ti ha fatto e che tu le hai deciso
In un vuoto di felicità.*

da / from Fabrizio De André, *Le passanti*.

*I dedicate this song / (…) / To the almost imaginary woman /Who you saw go by so quickly / From your balcony to a secret place further down / And you like to remember the smile / She didn't give you and that you decided she did / In a void of happiness.

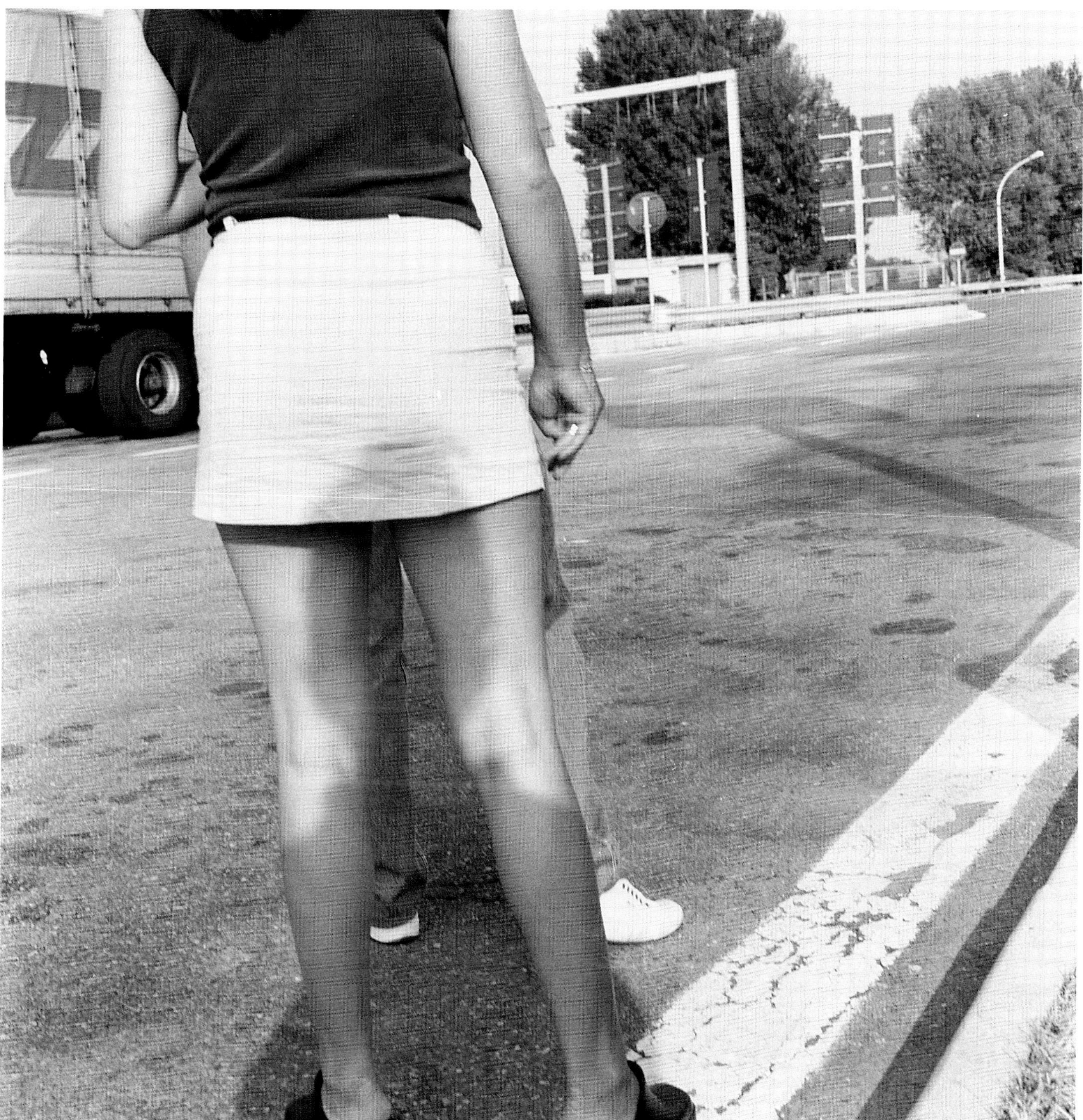

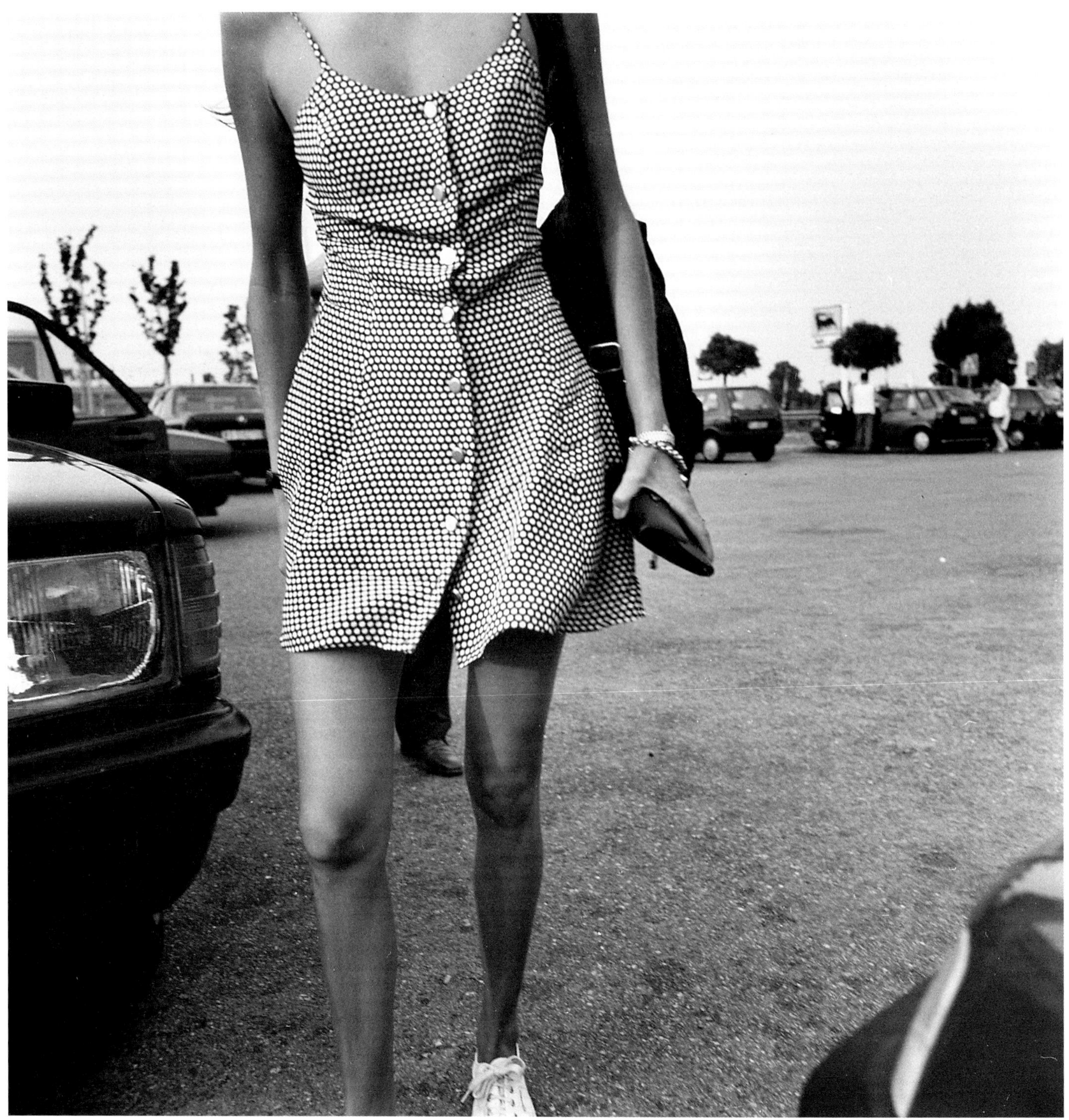

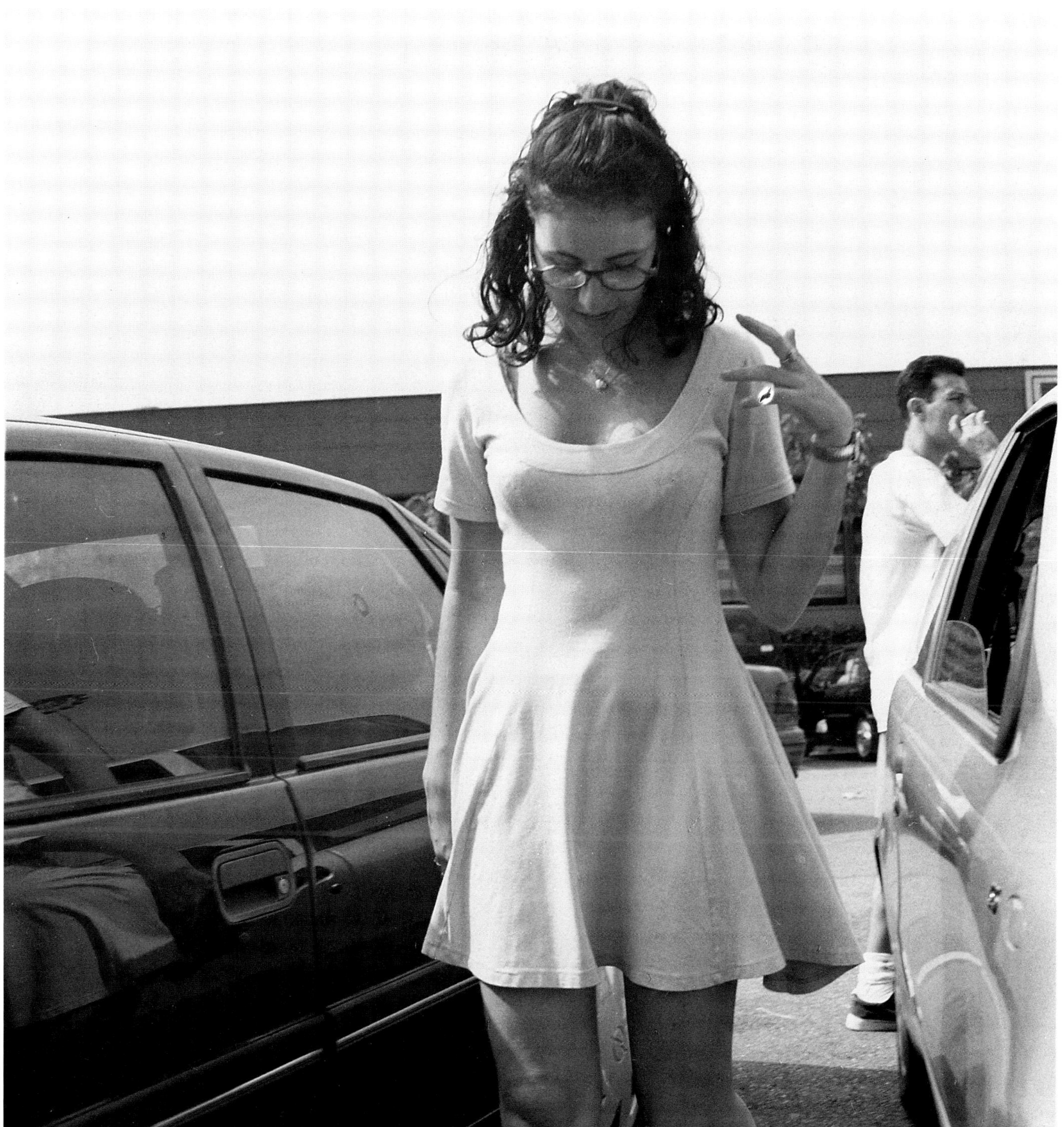

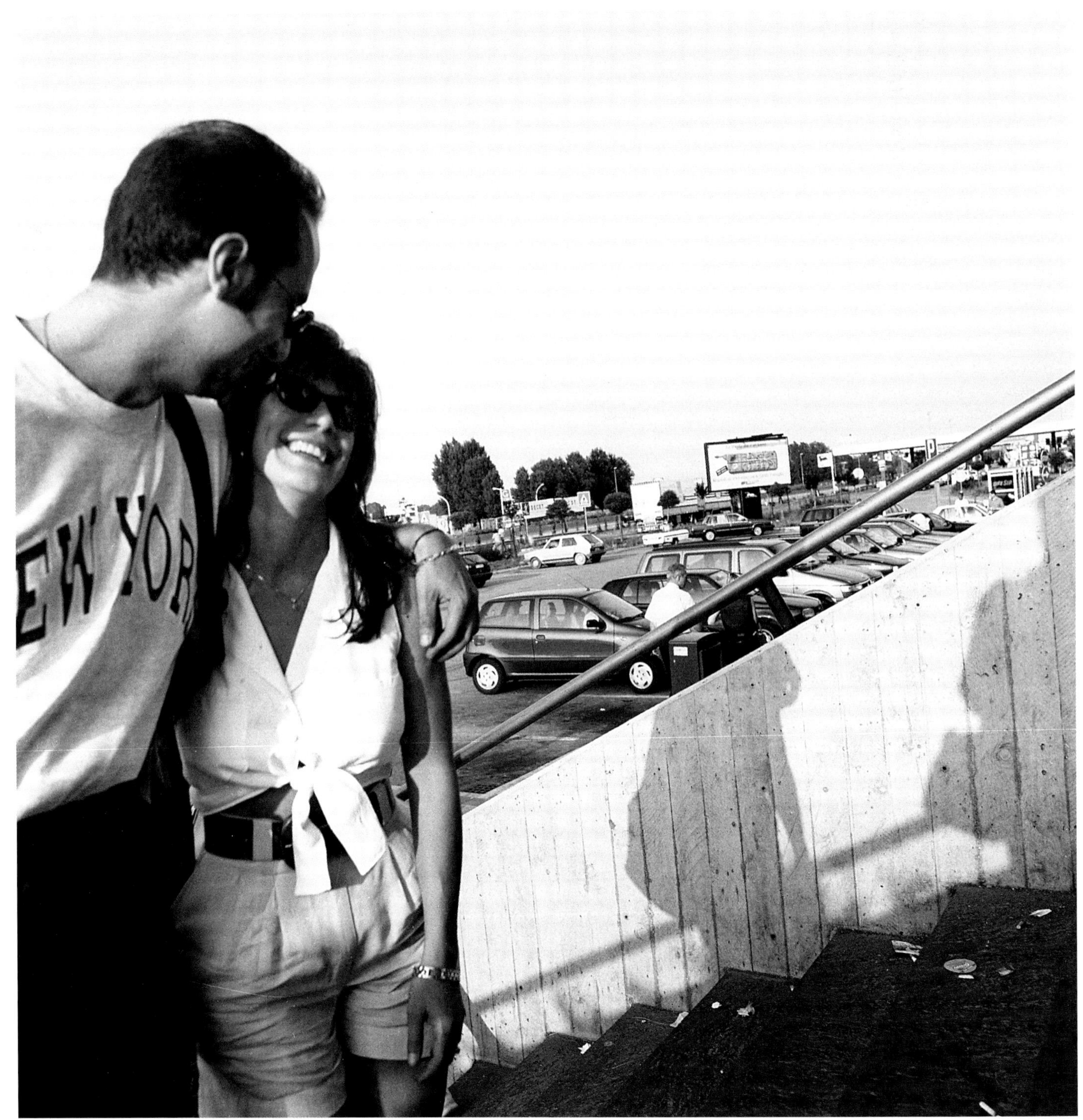
EW YORK

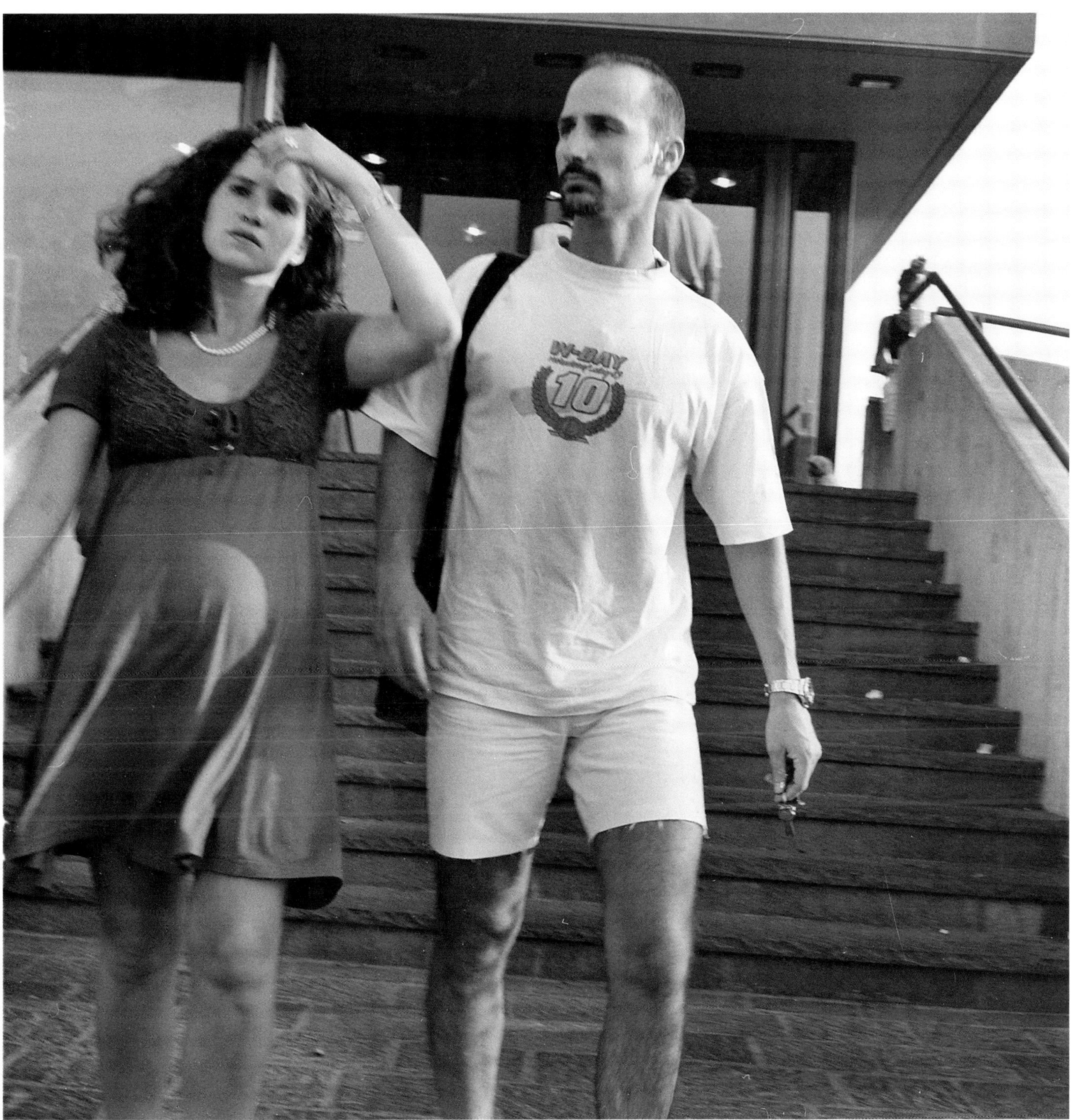

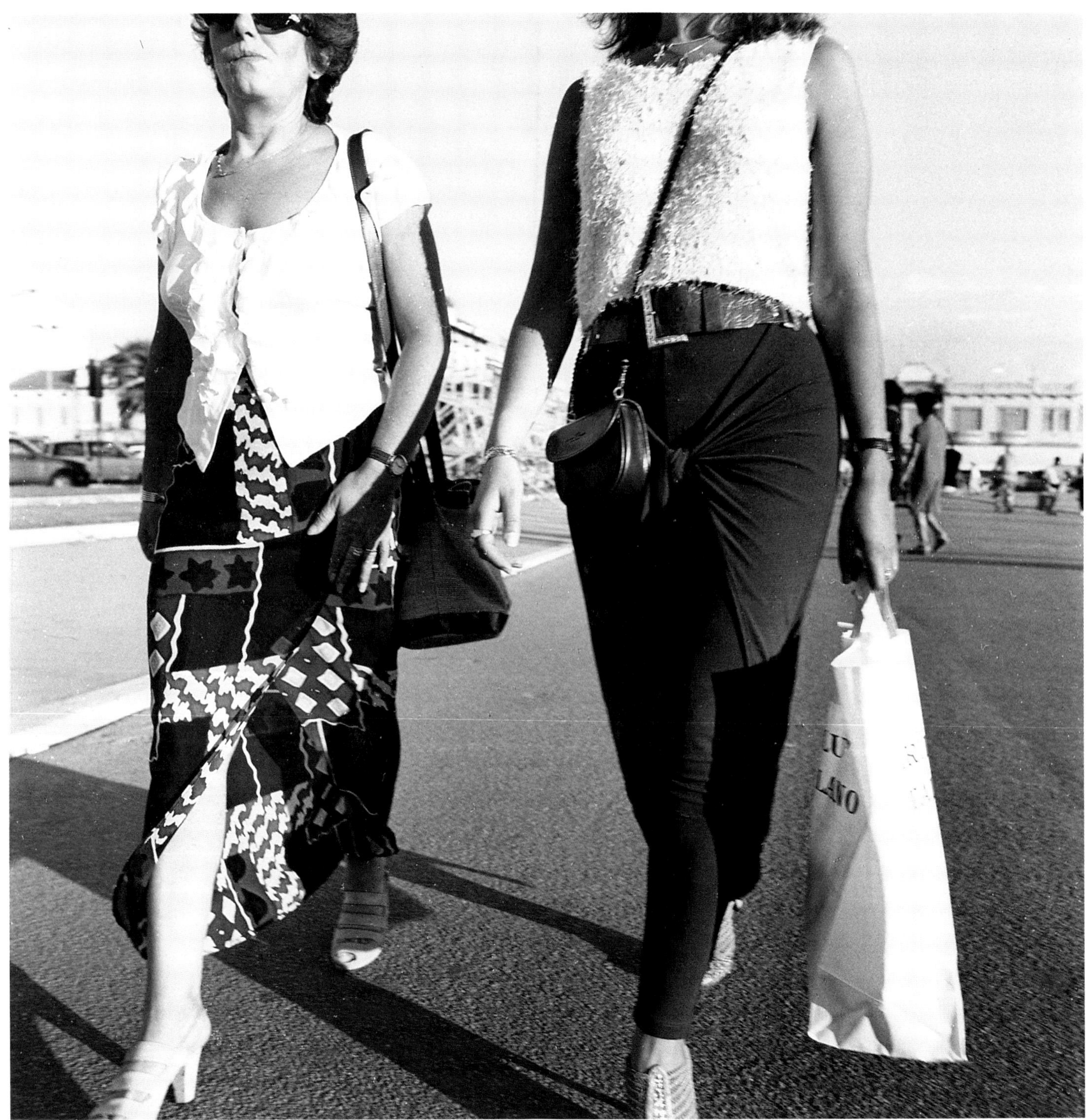

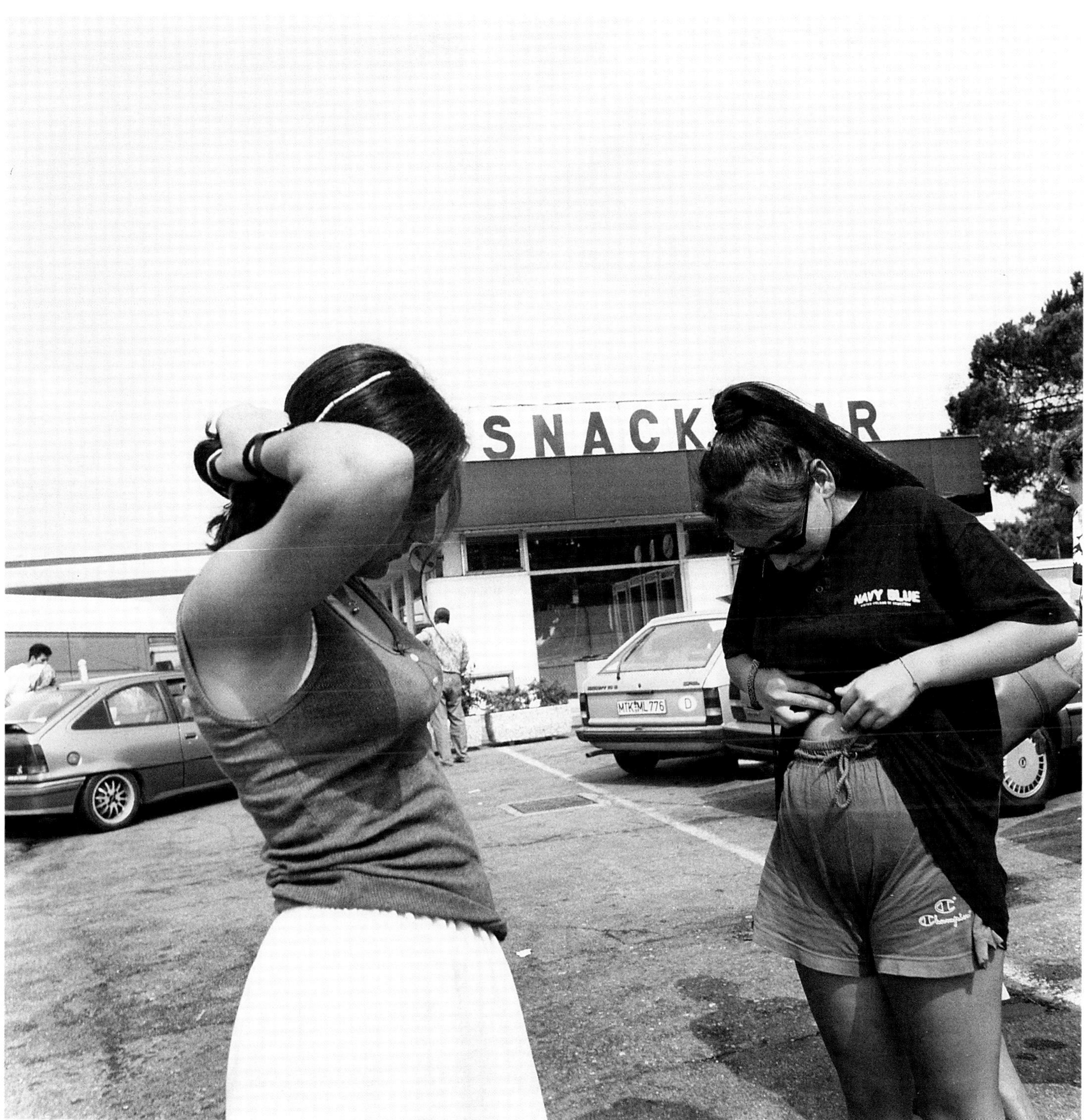

SNACK BAR
NAVY BLUE
MTK-ML 776
D
Champion

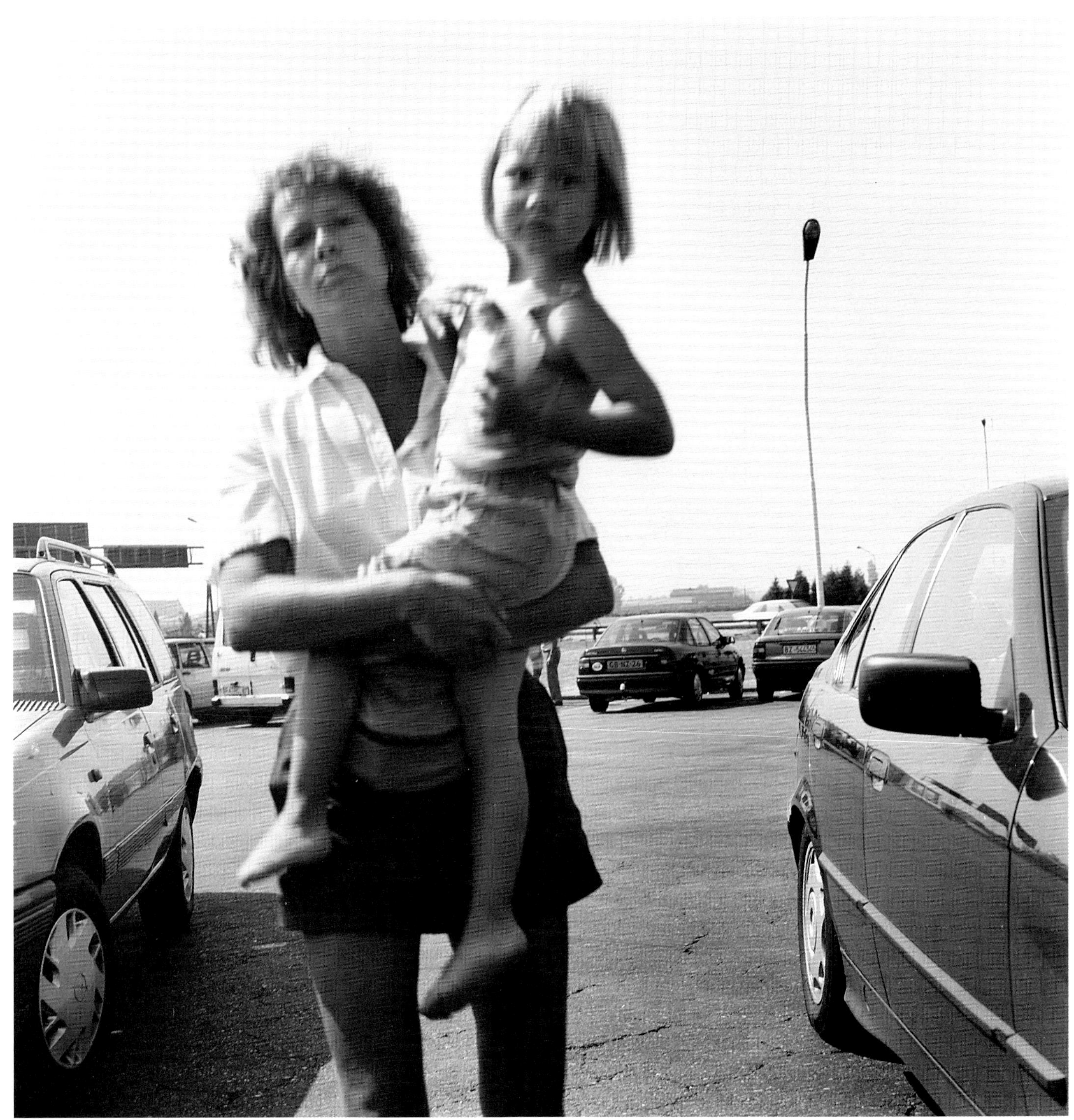

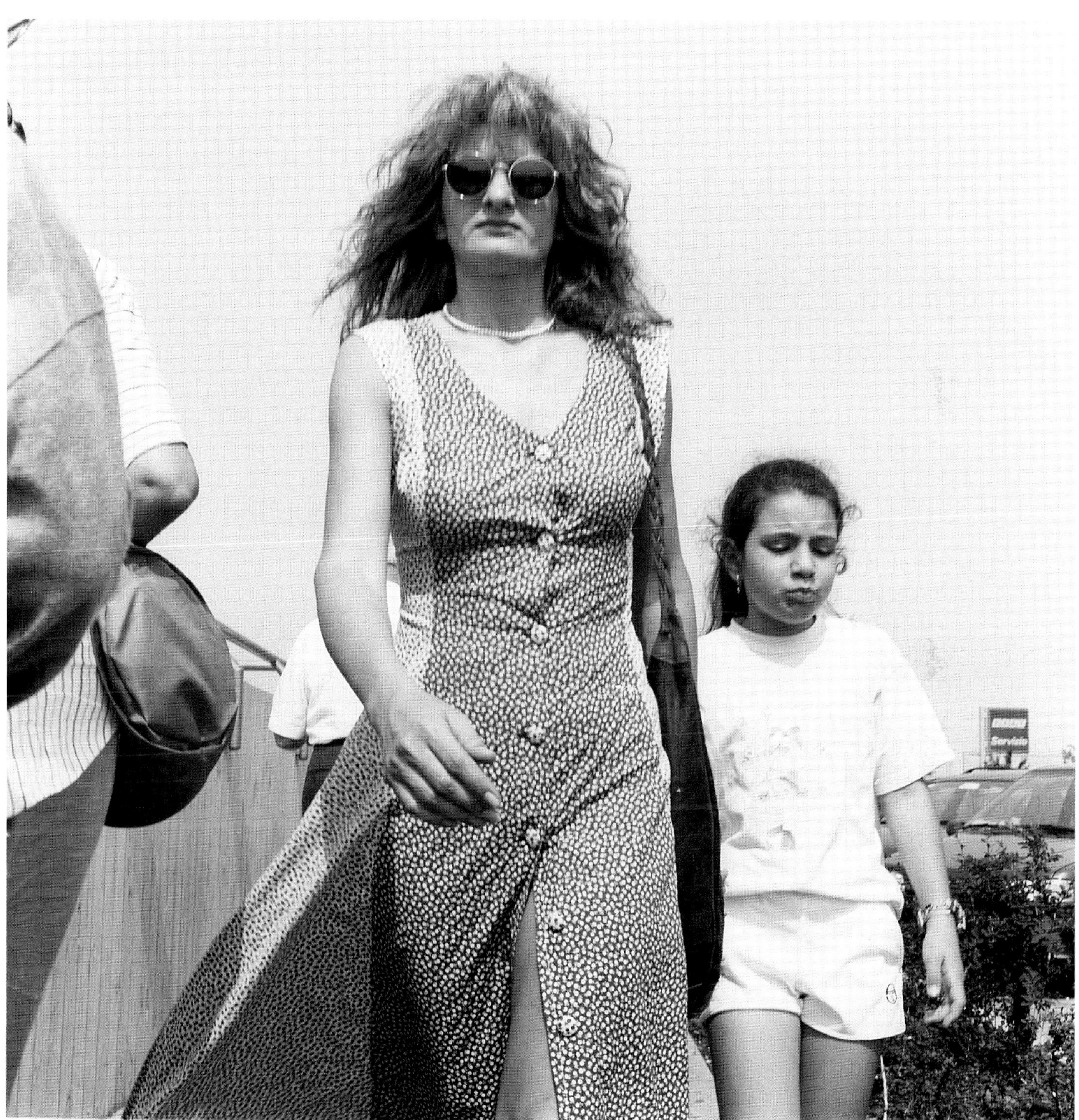

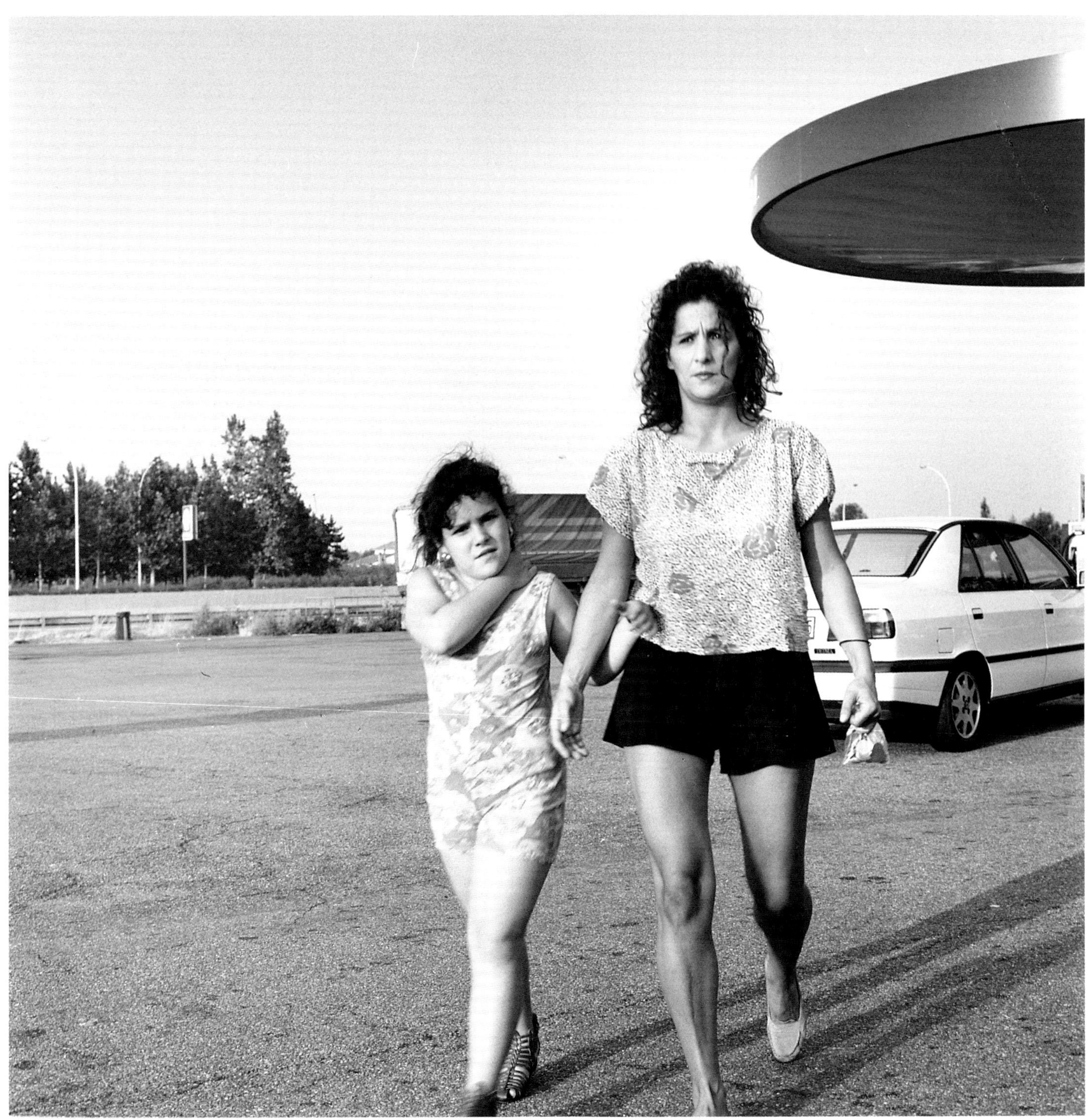

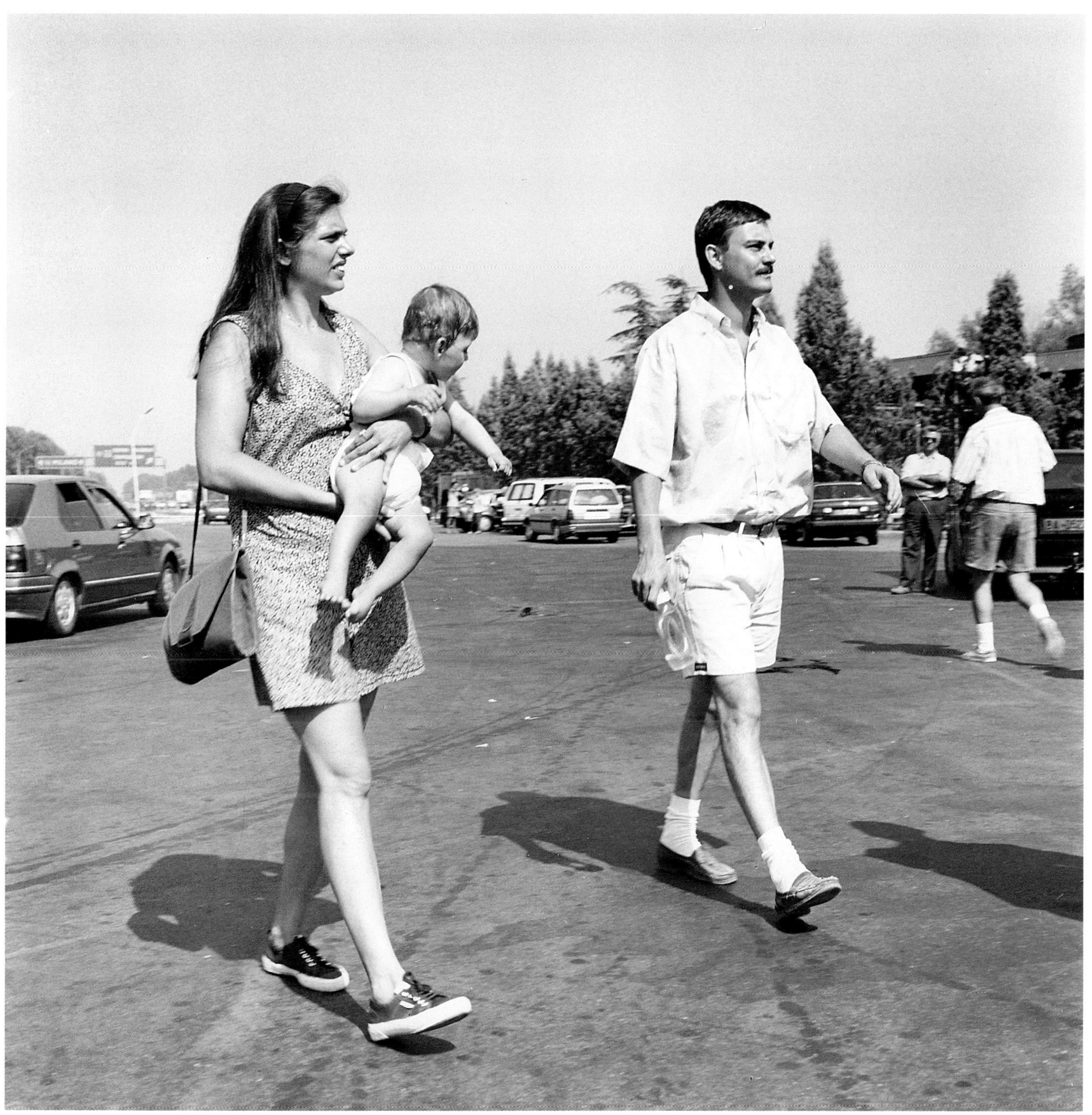

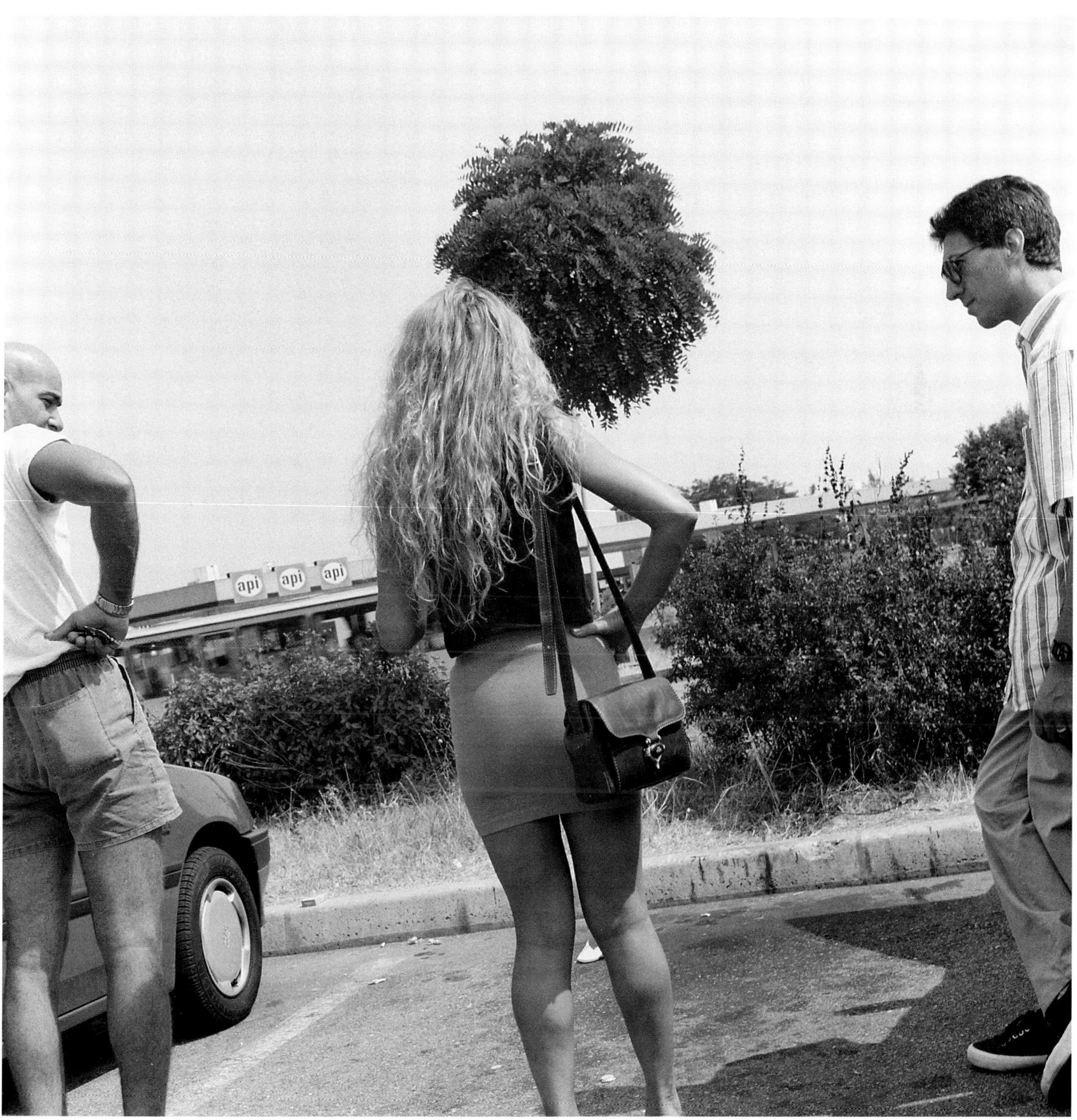

api api api

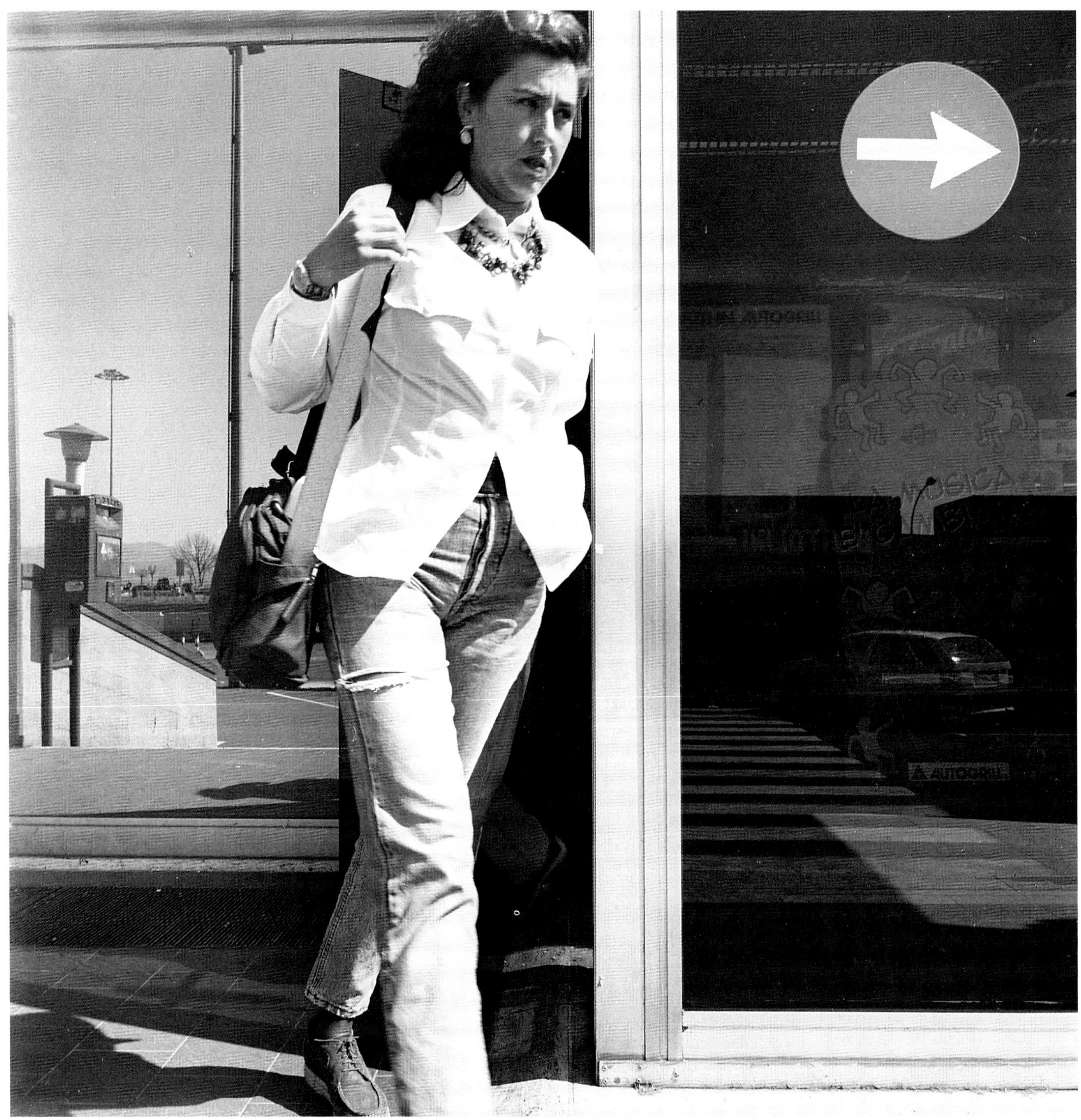

AUTOGRILL
MUSICA

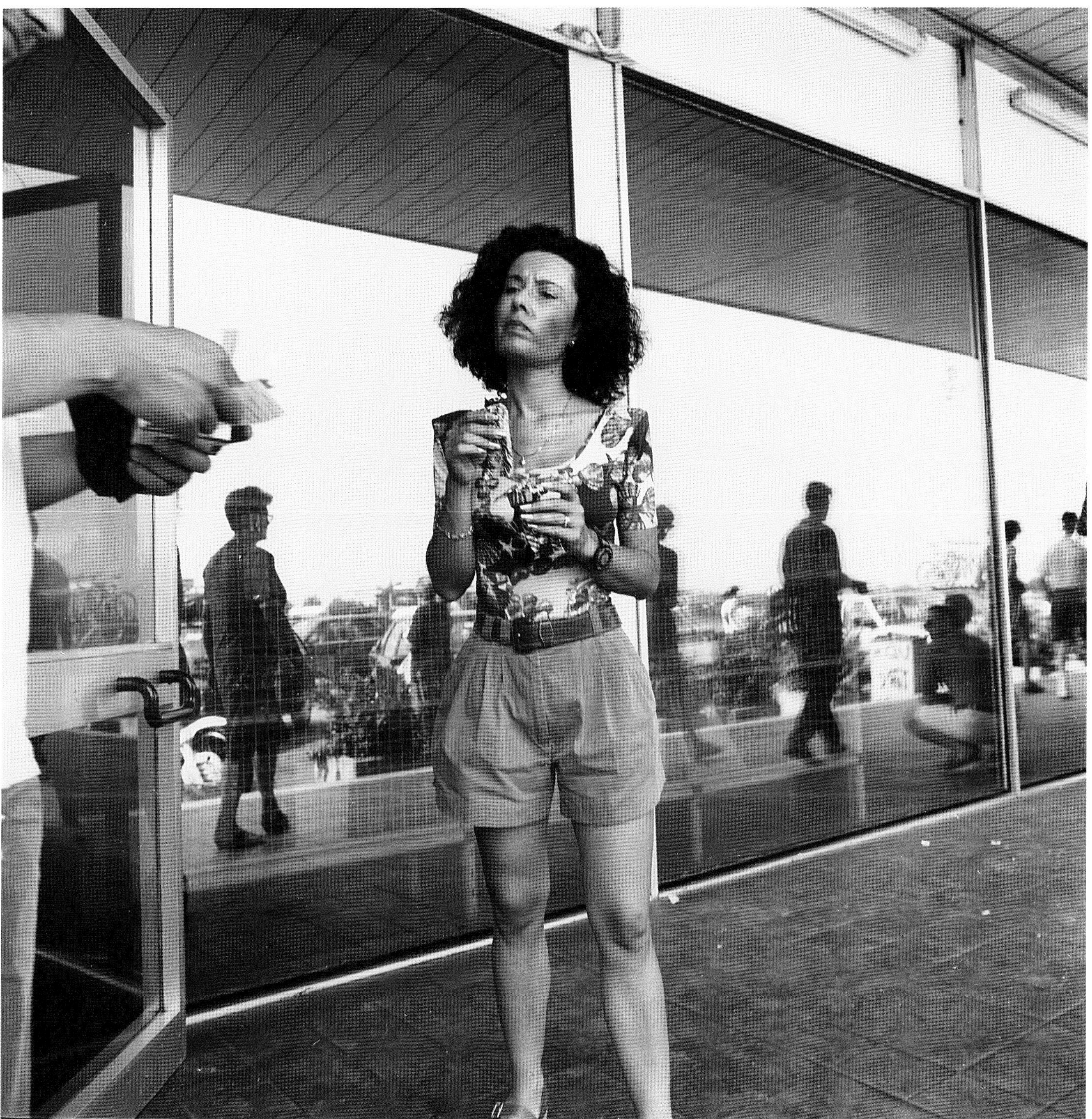

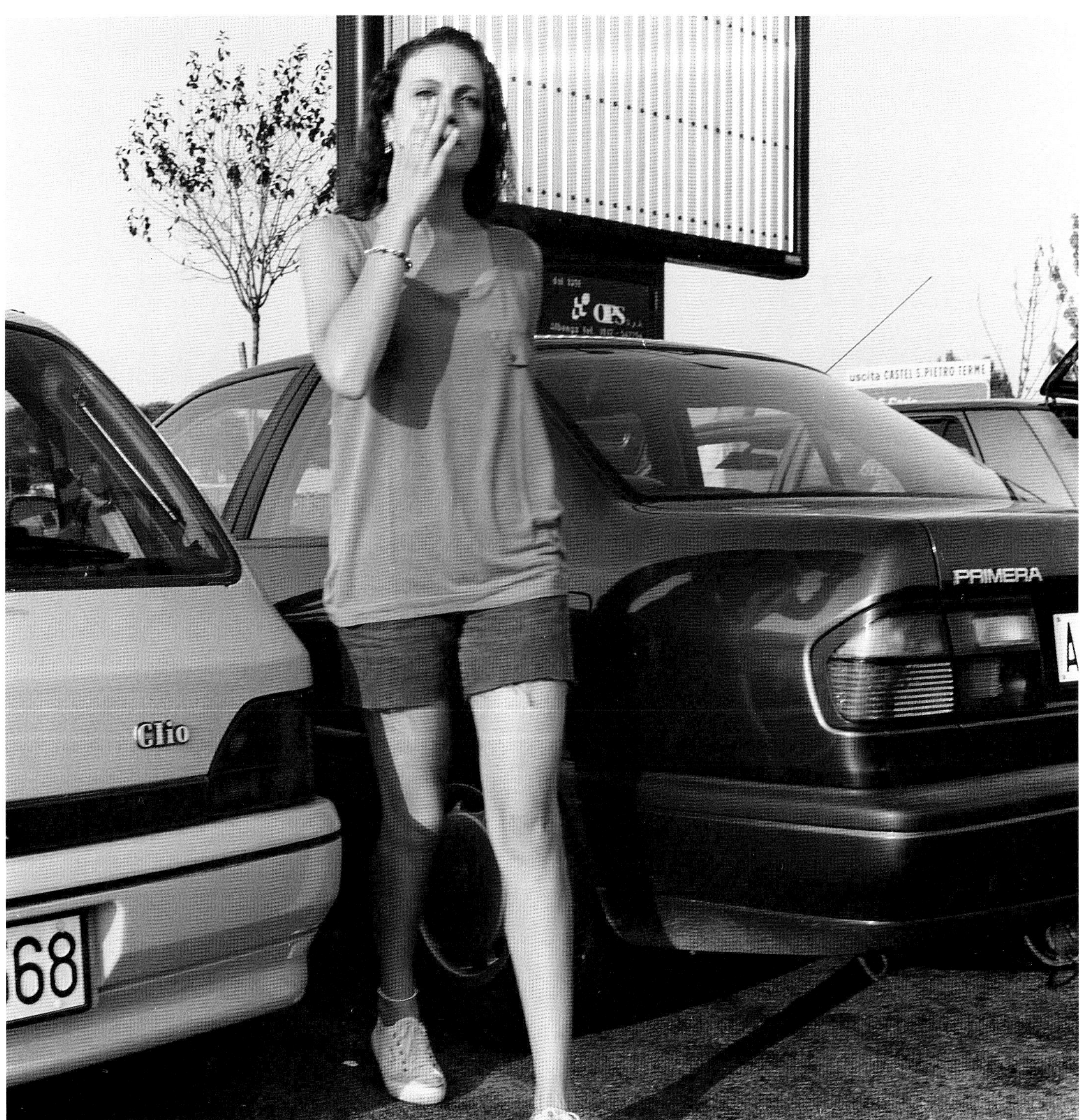
Clio
PRIMERA
uscita CASTEL S. PIETRO TERME
OPS
68

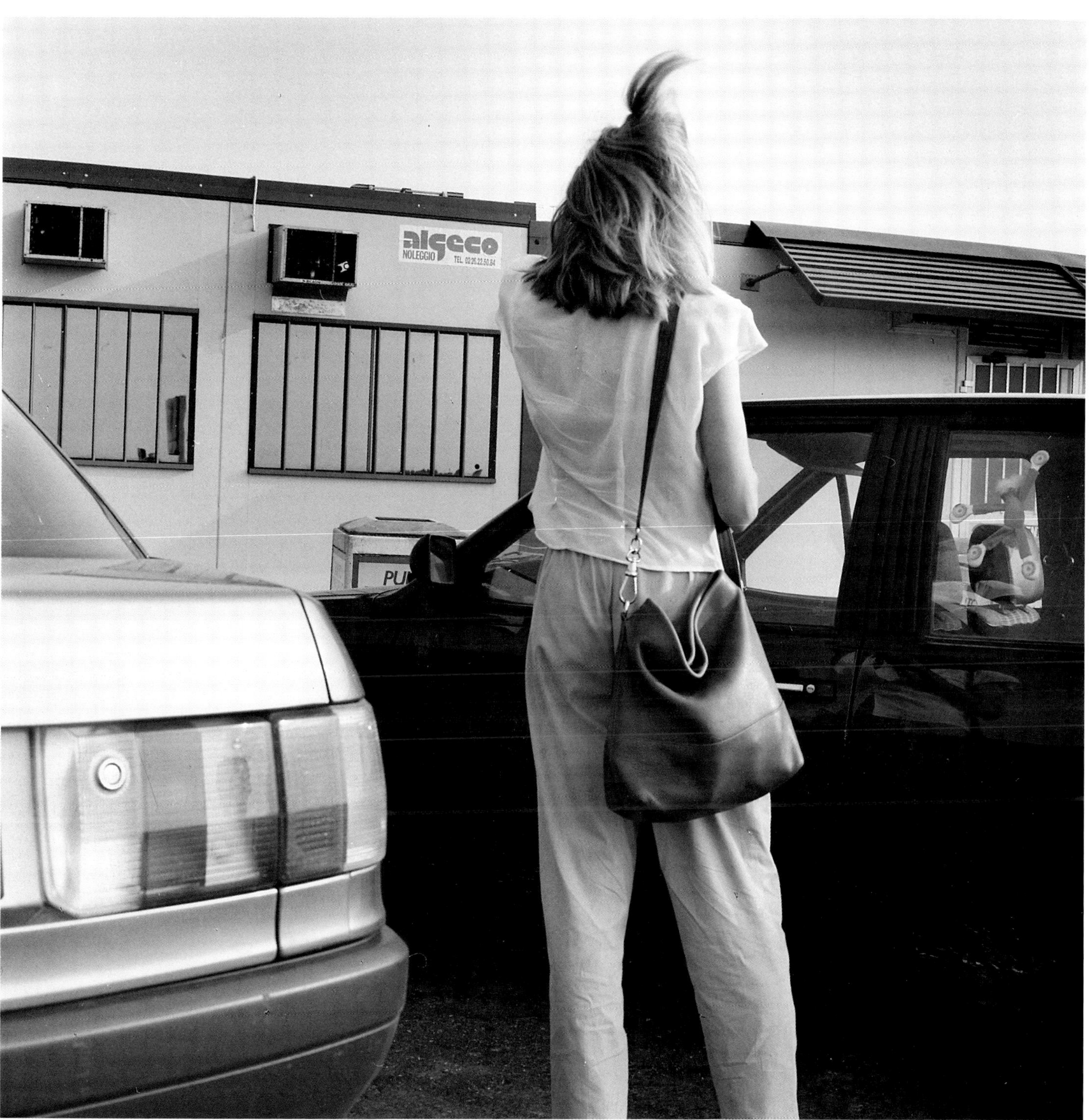

algeco
NOLEGGIO   TEL. 02.26.22.50.84

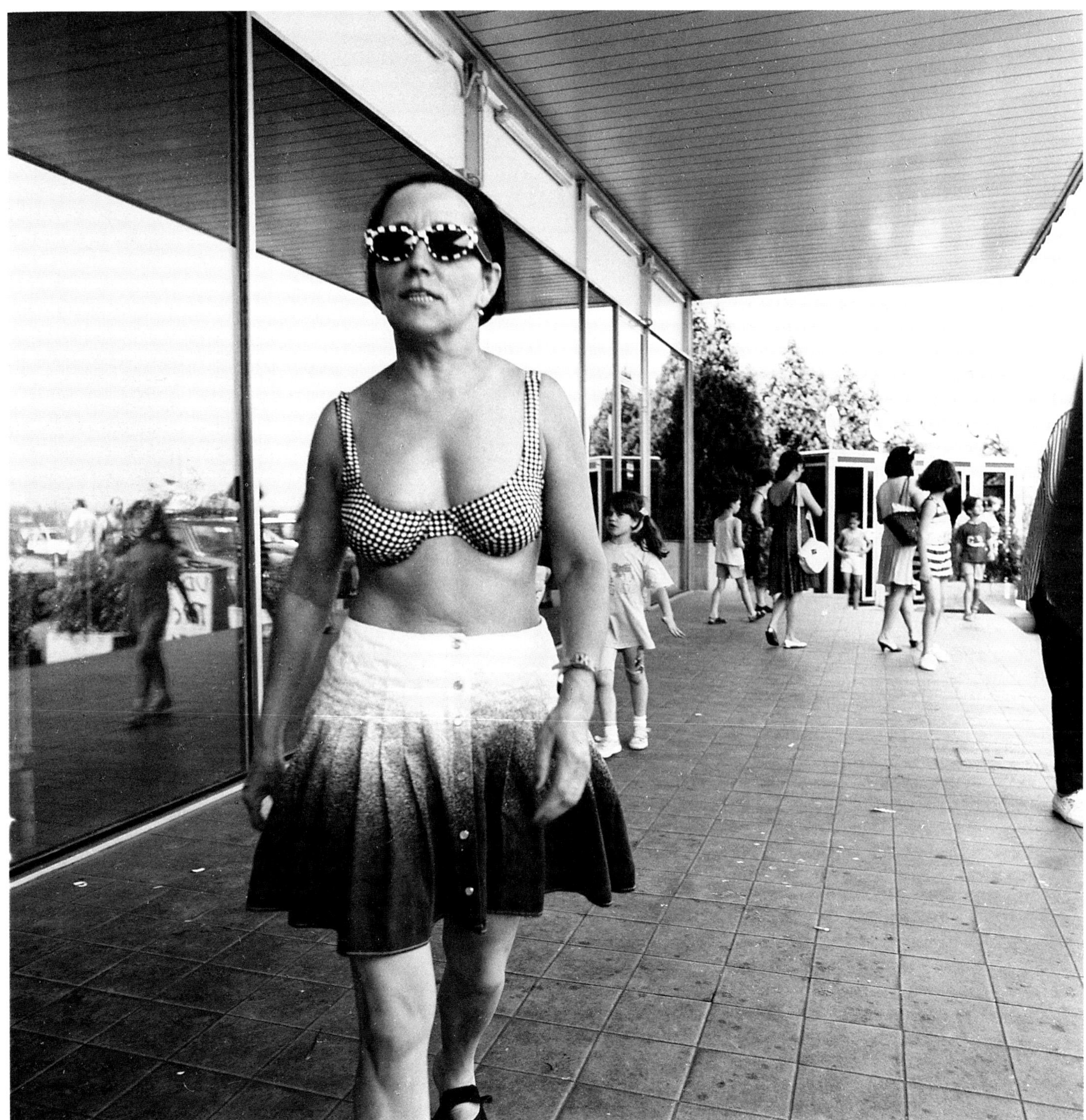

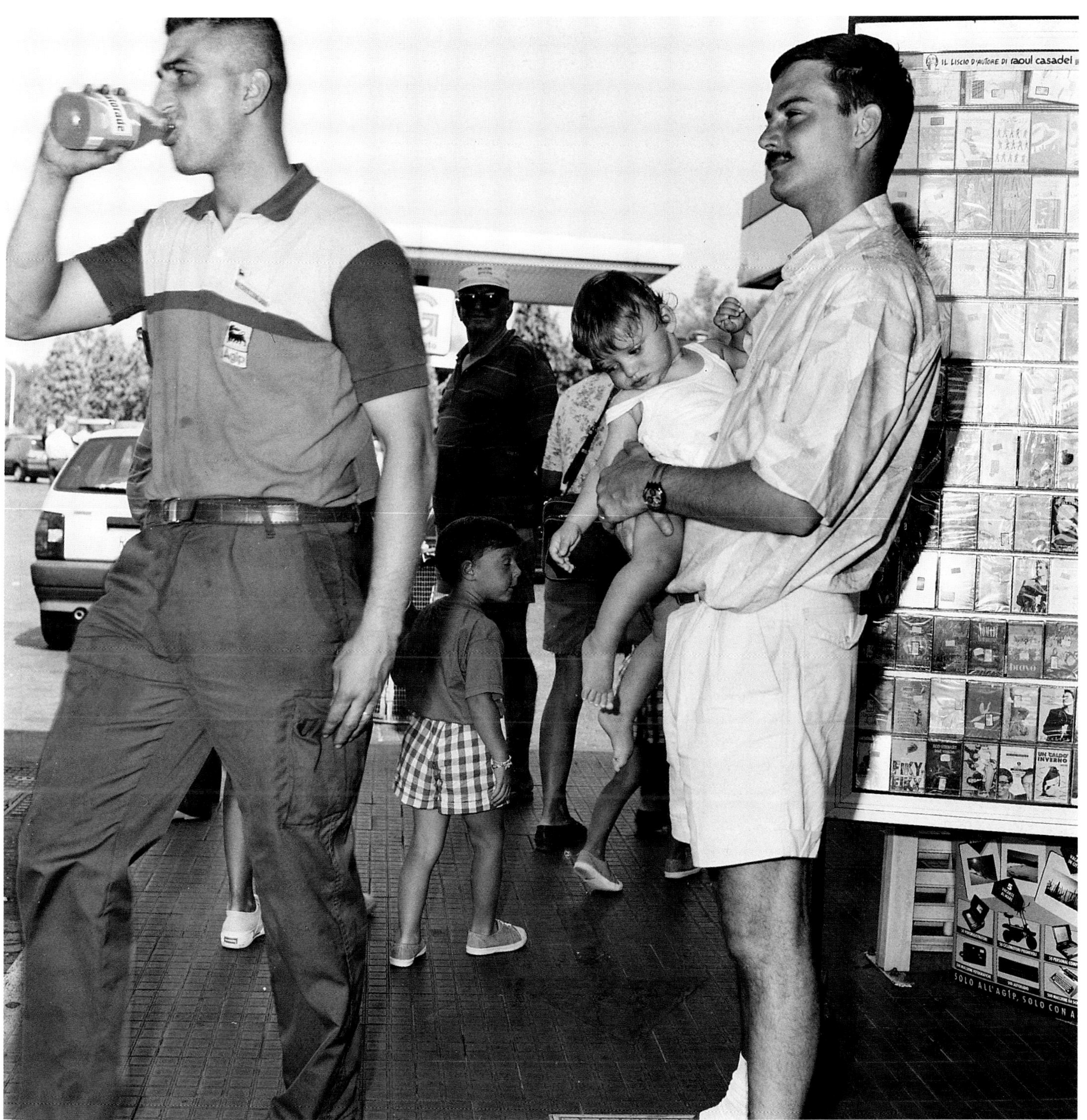

IL LISCIO D'AUTORE DI raoul casadei
bravo
FIKY
FIKY
UN 'ALDO'
INVERNO
SOLO ALL'AGIP, SOLO CON A

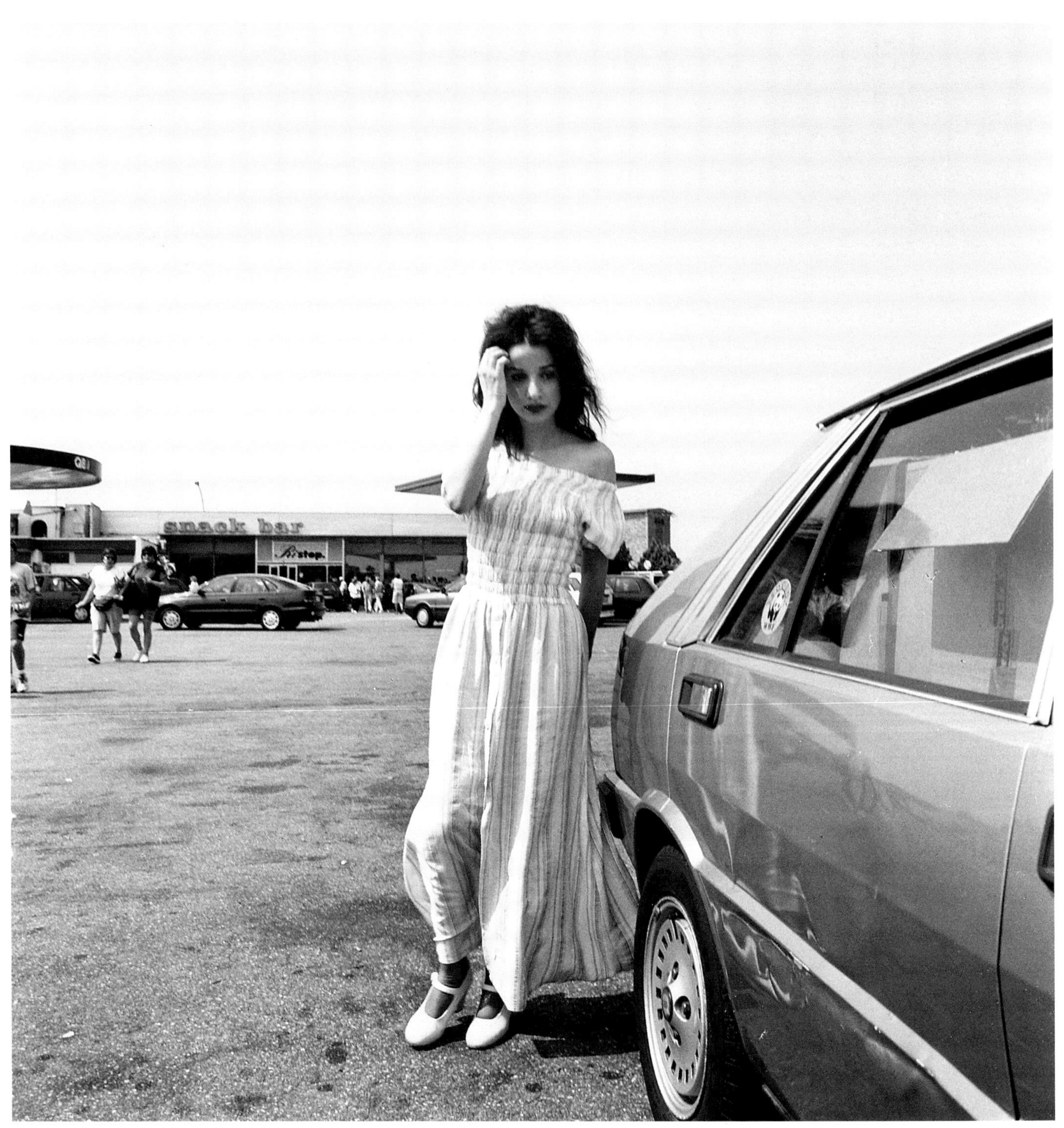

snack bar

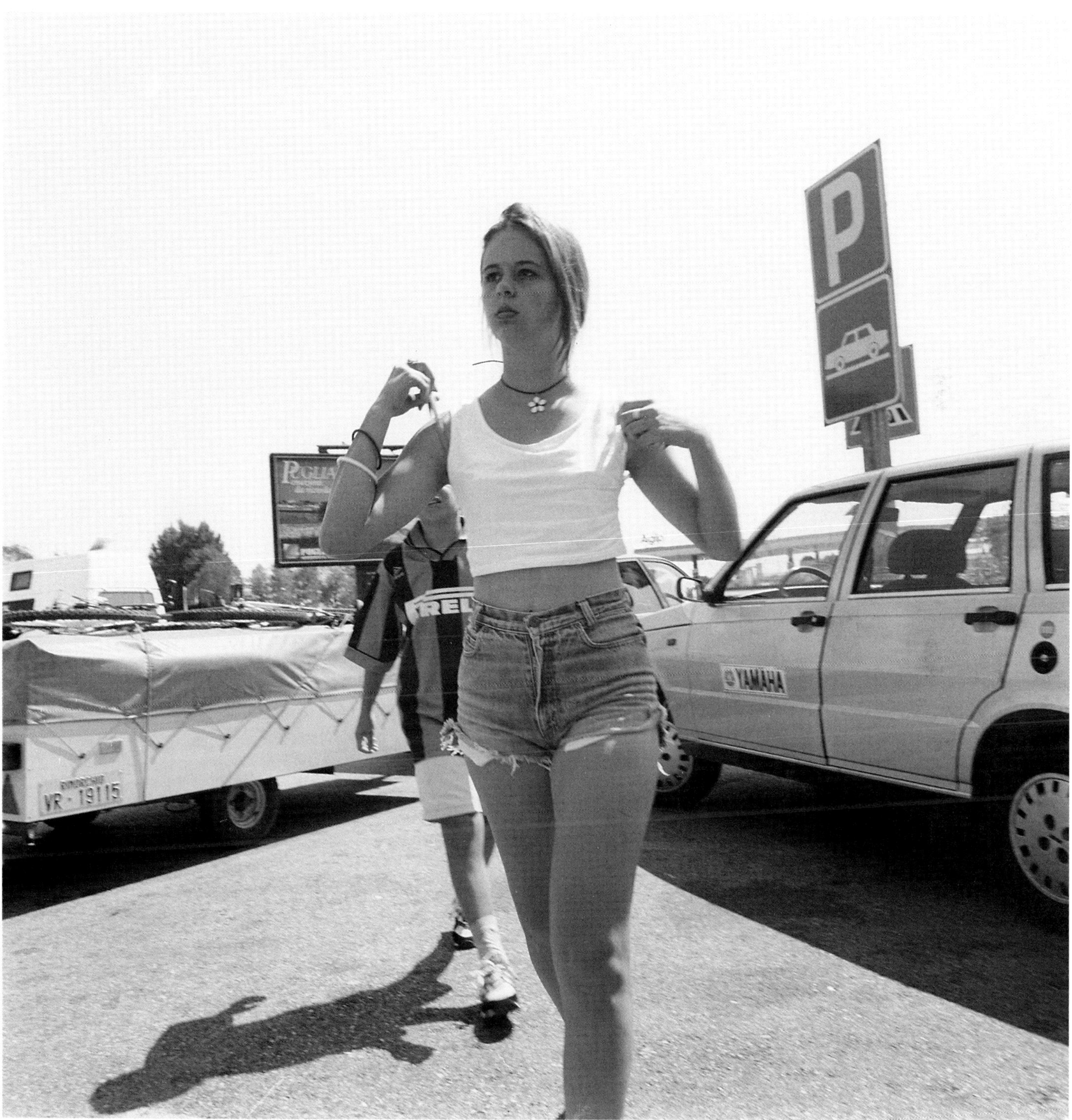

P
PUGLIA
PIRELLI
YAMAHA
VR · 19115

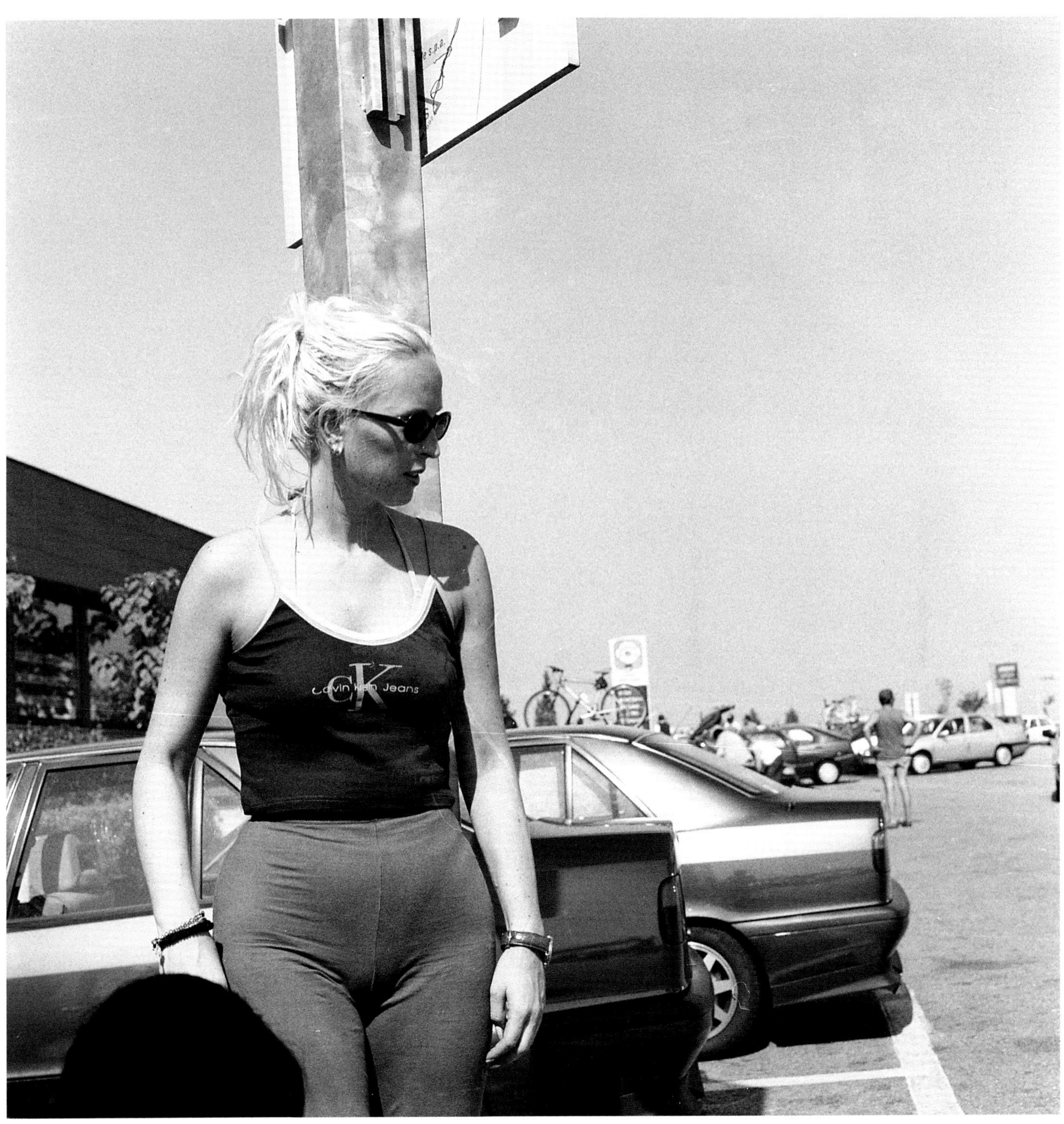

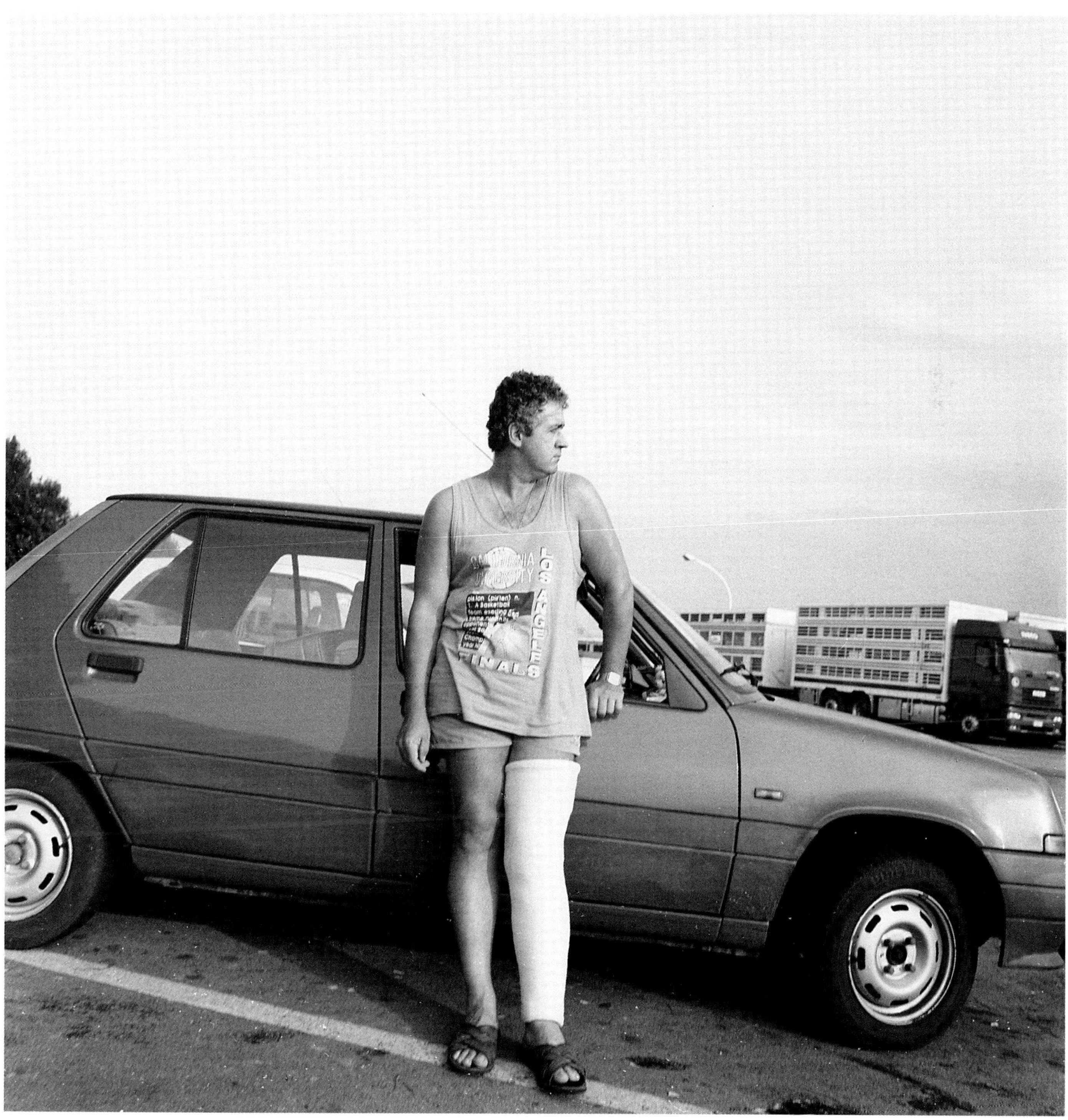
CALIFORNIA
UNIVERSITY
LOS ANGELES
FINALS

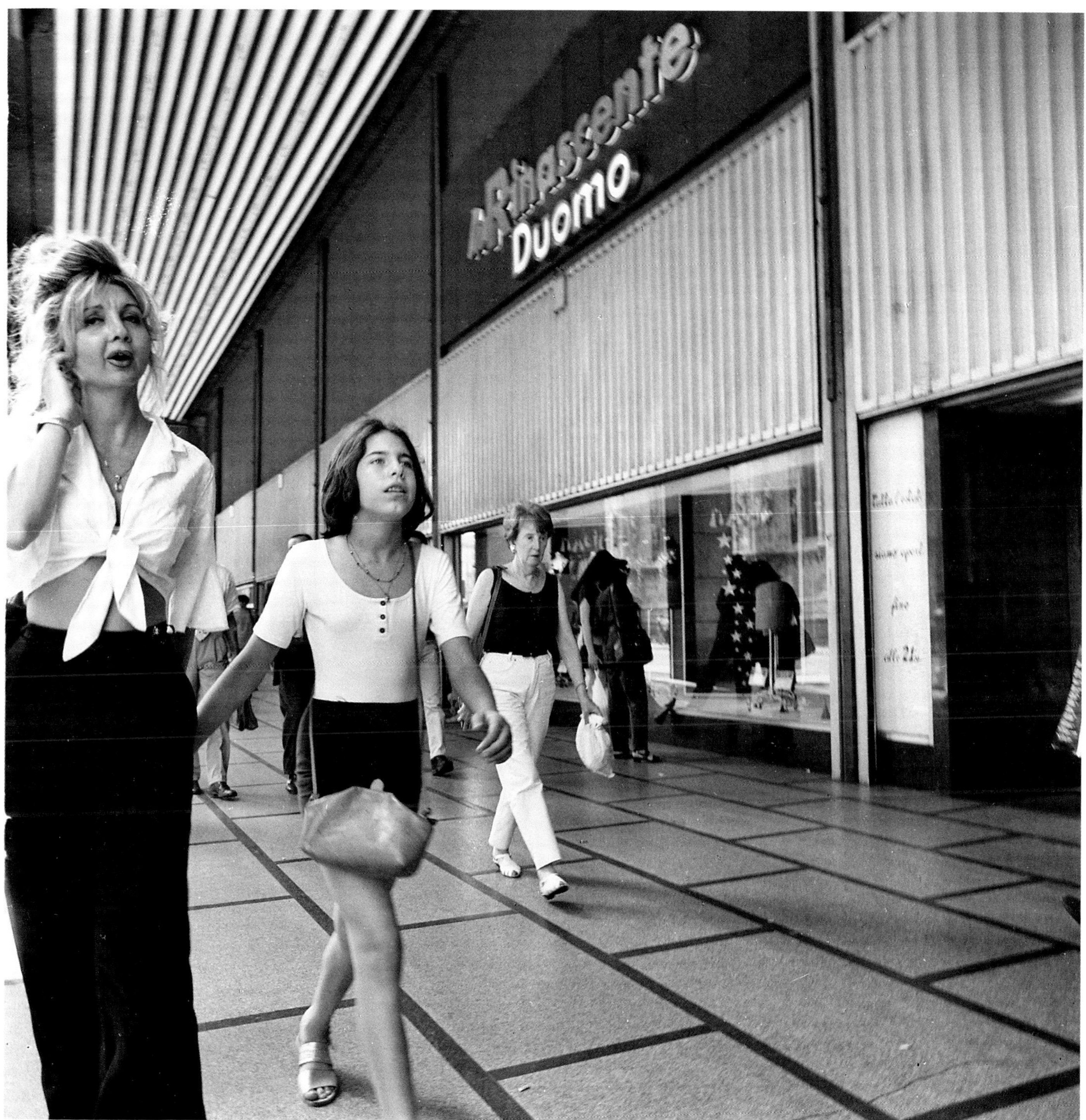
la Rinascente
Duomo

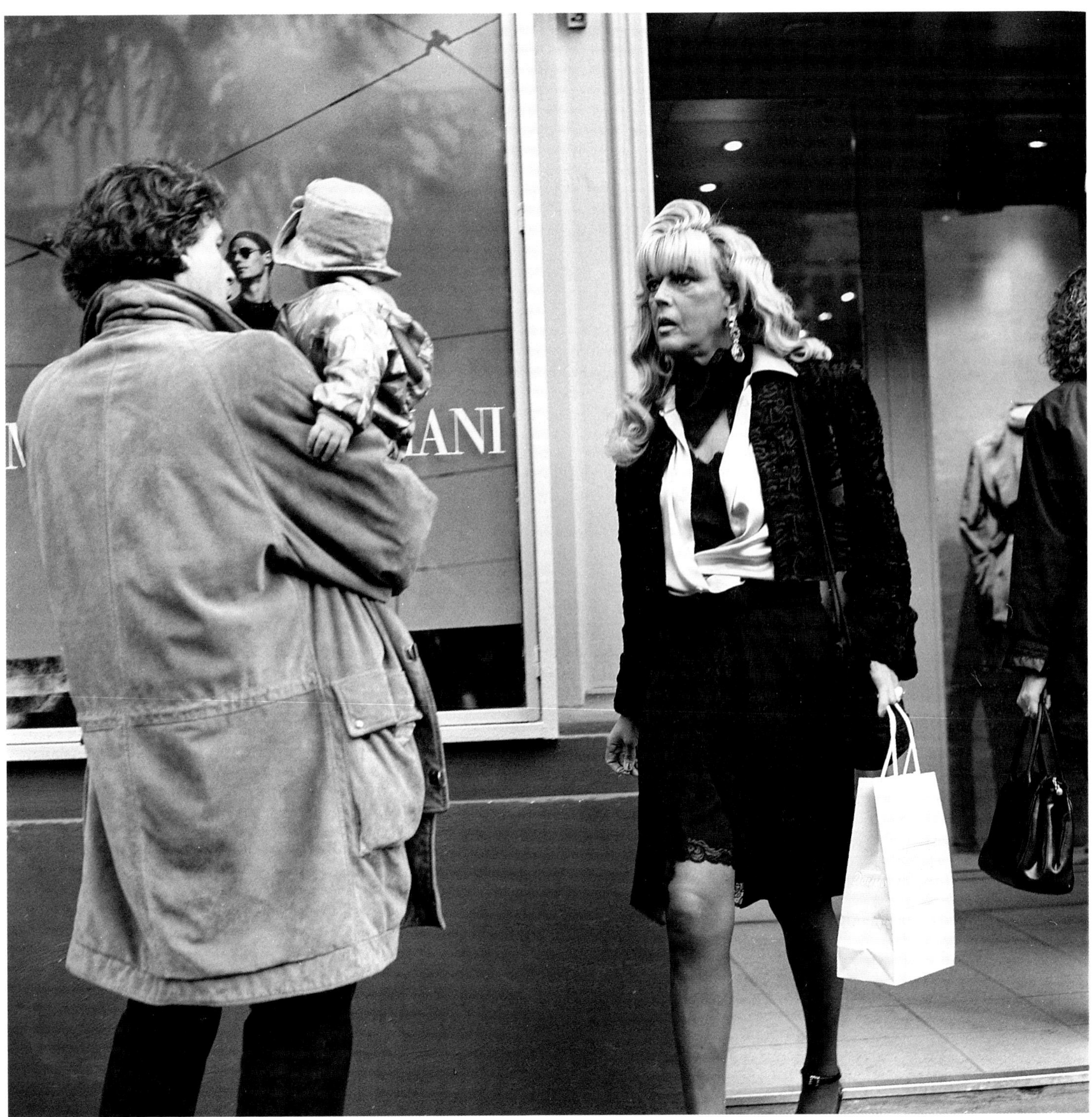

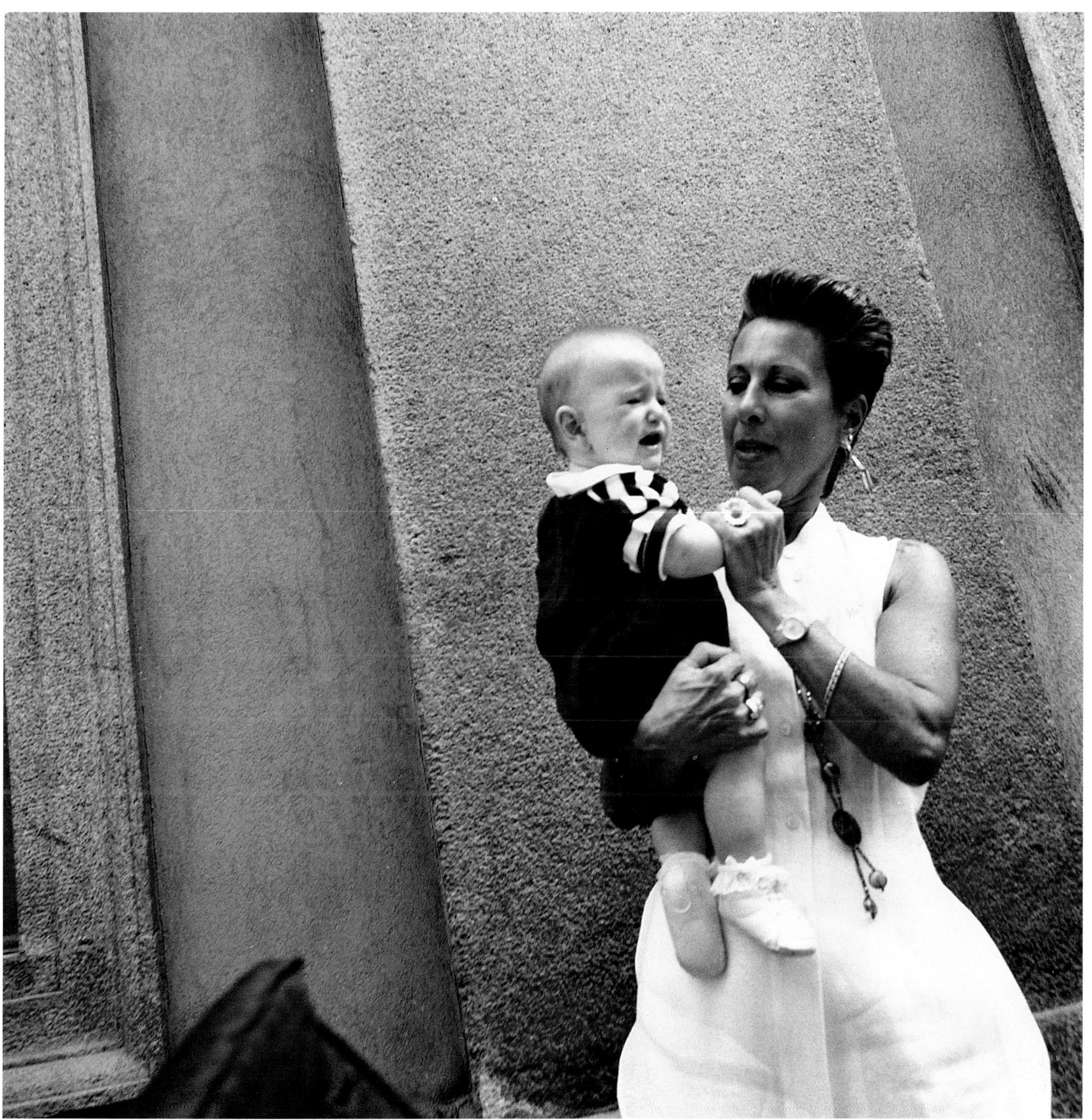

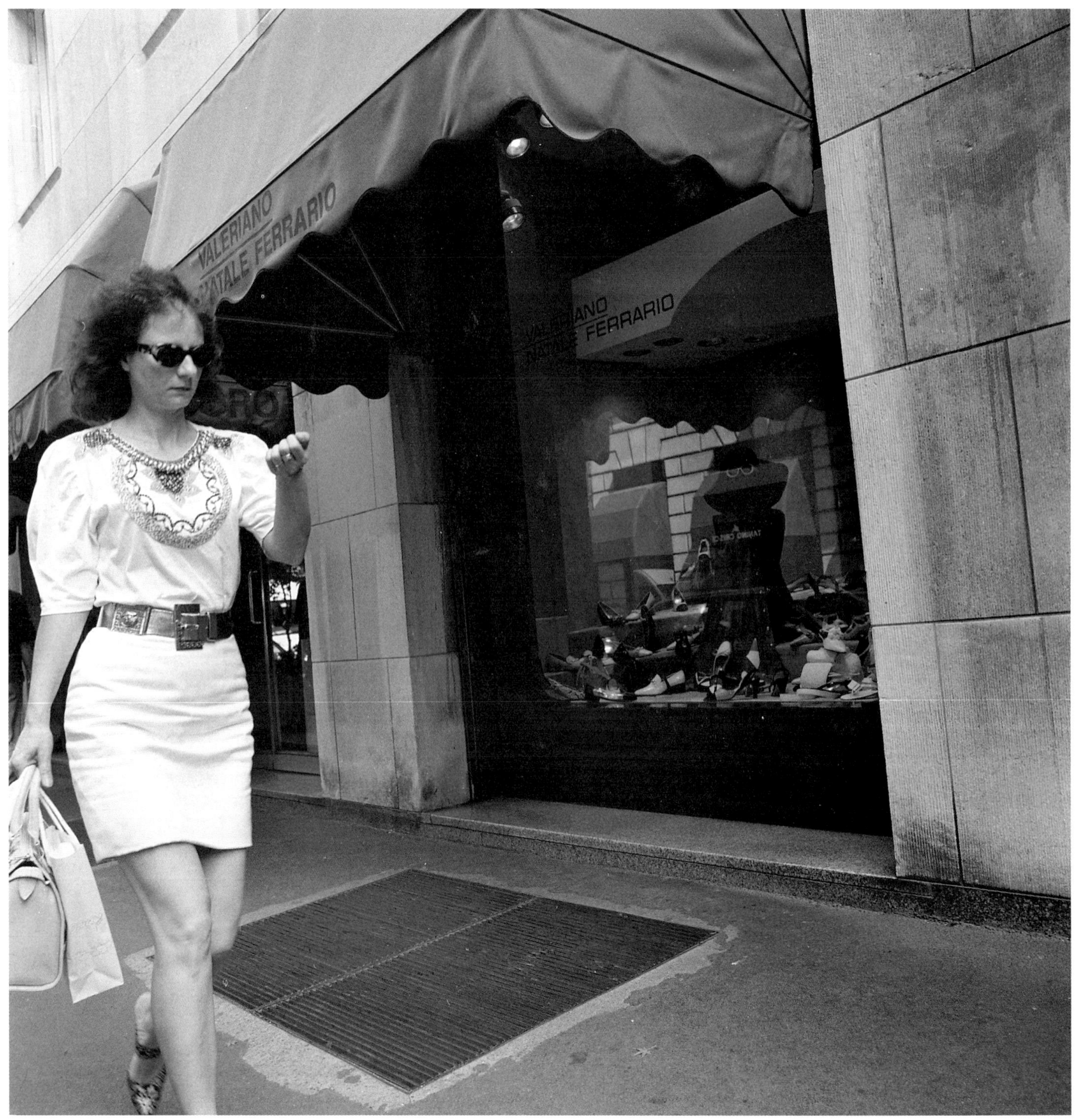

VALERIANO
NATALE FERRARIO
VALERIANO
NATALE FERRARIO

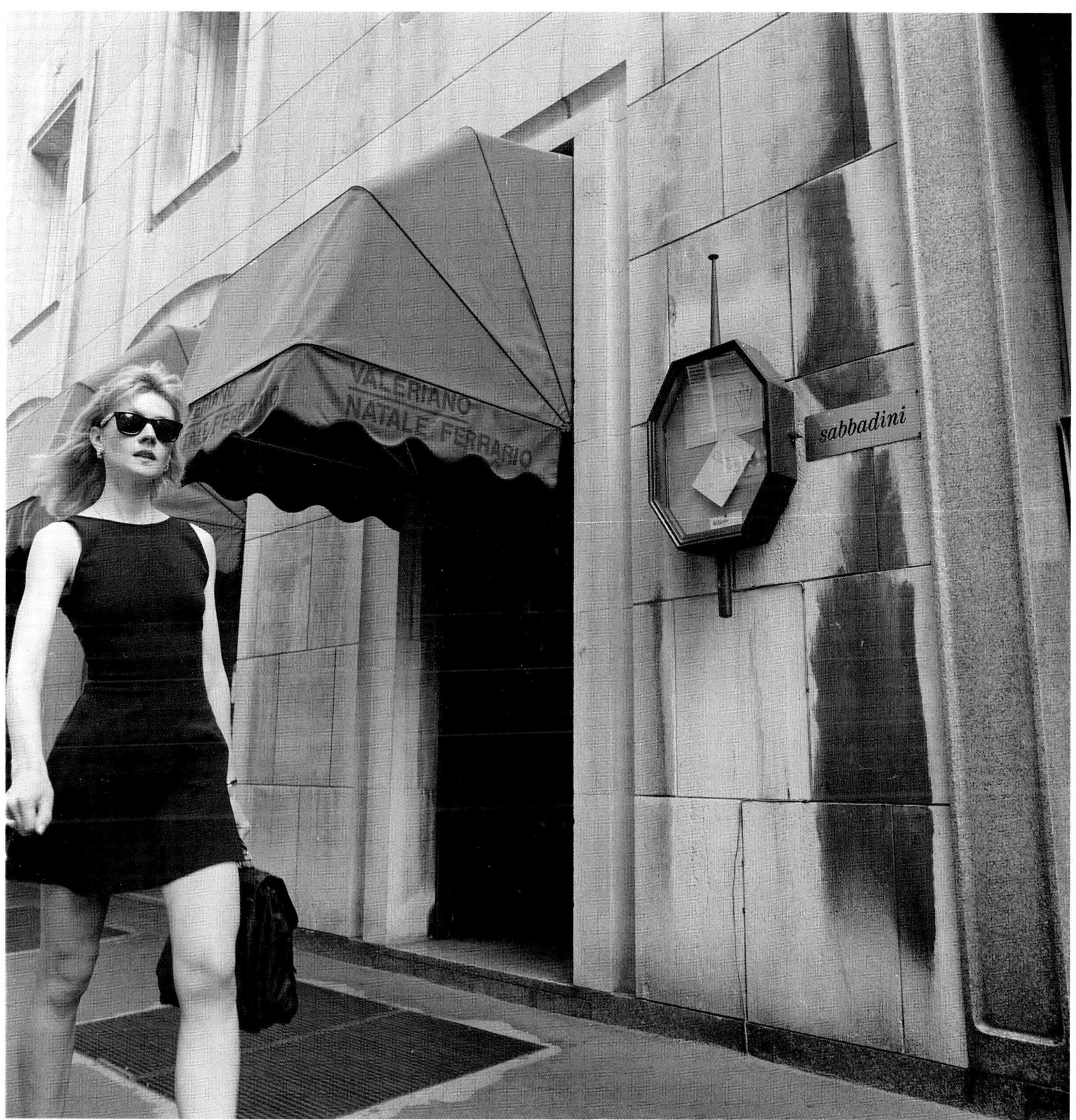
VALERIANO
NATALE FERRARIO
sabbadini

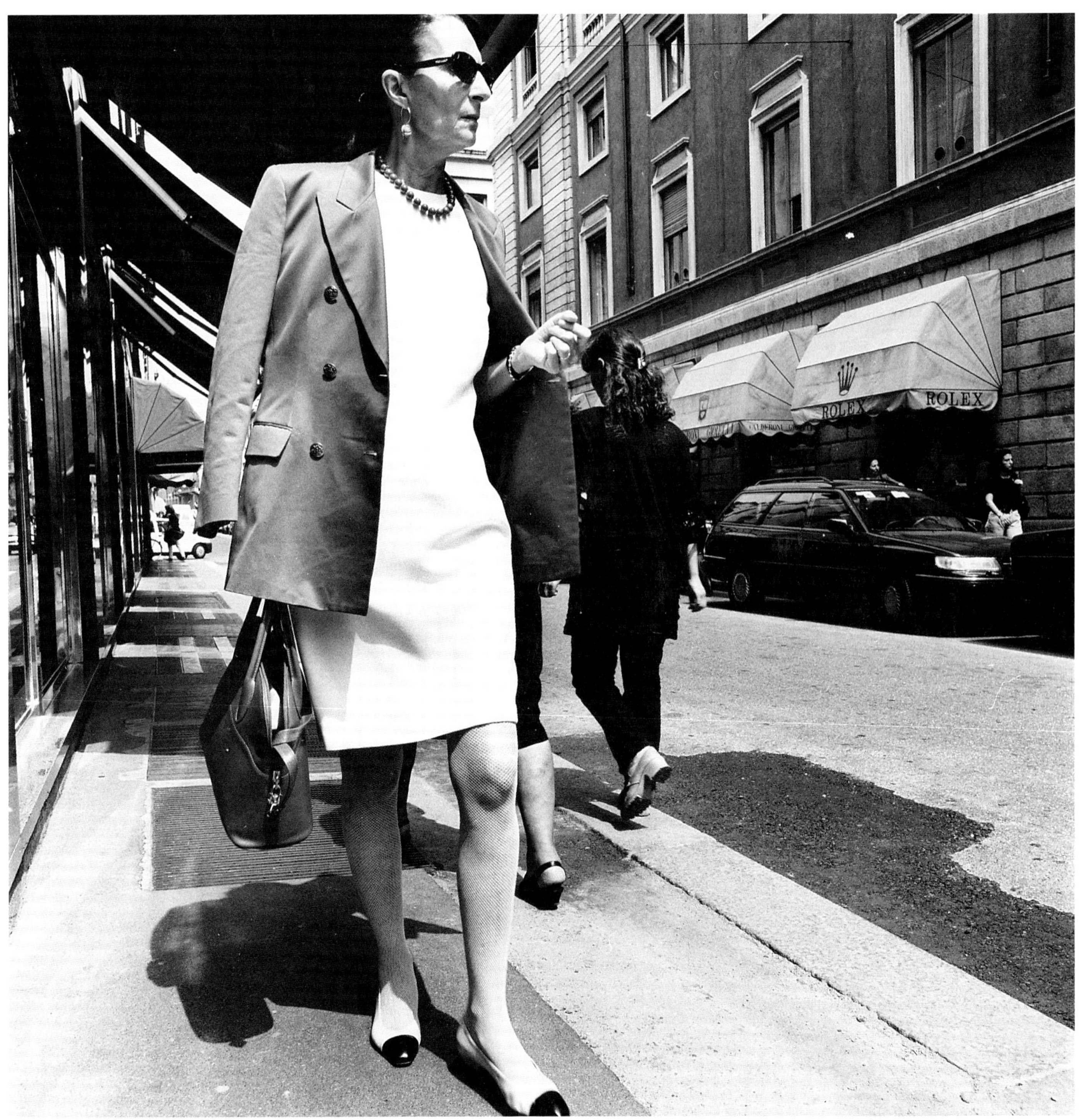

ROLEX
ROLEX

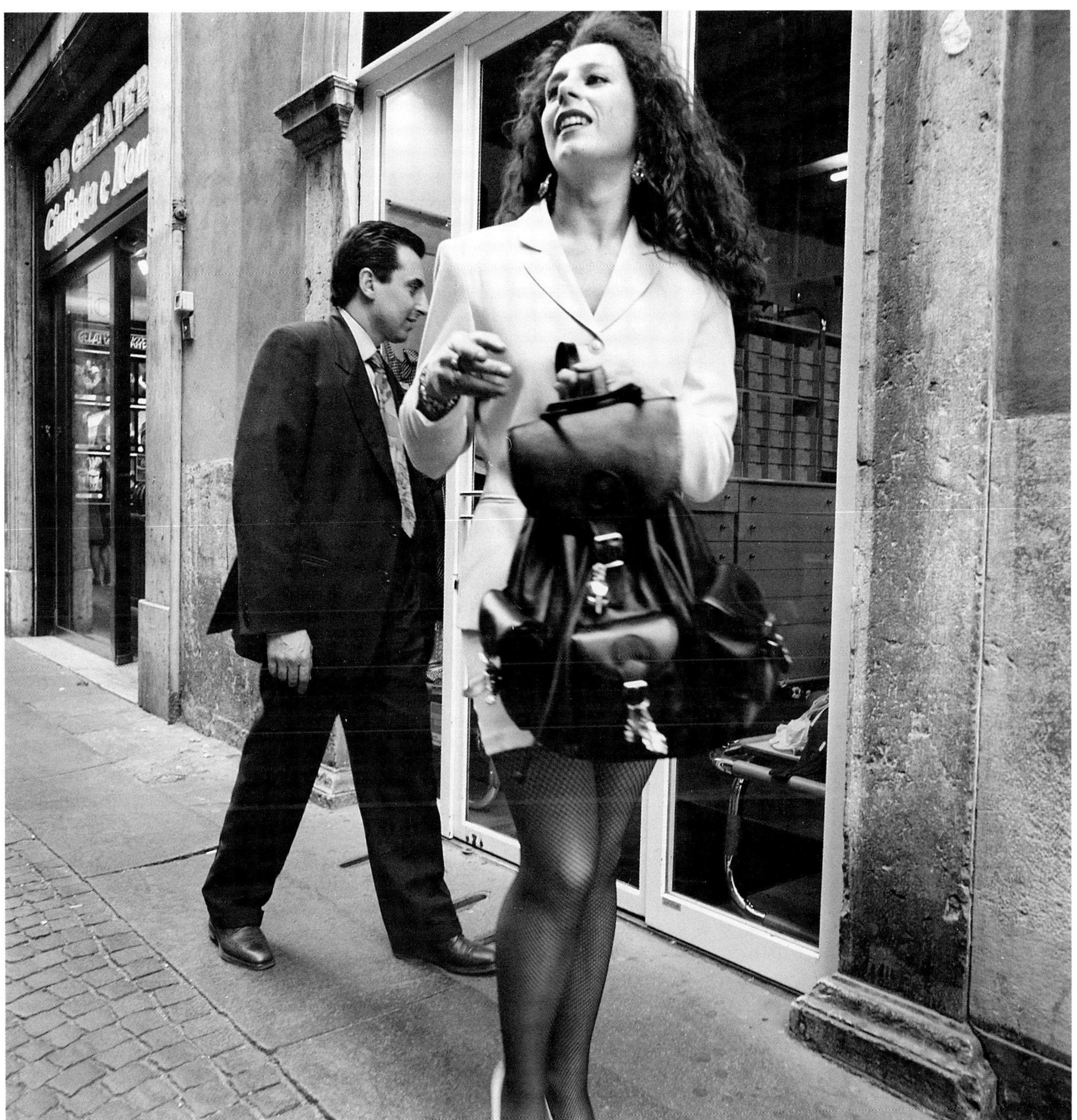

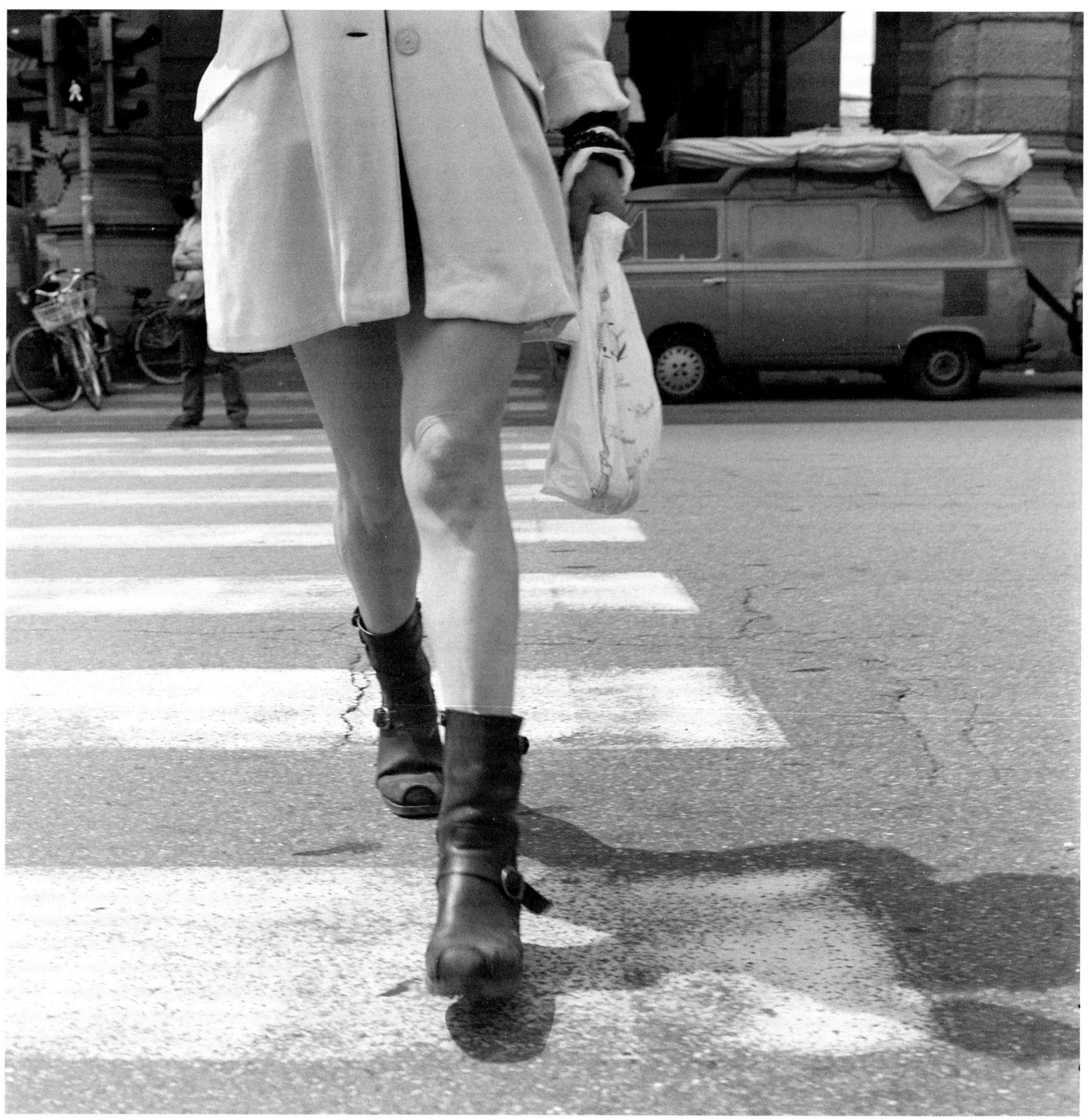

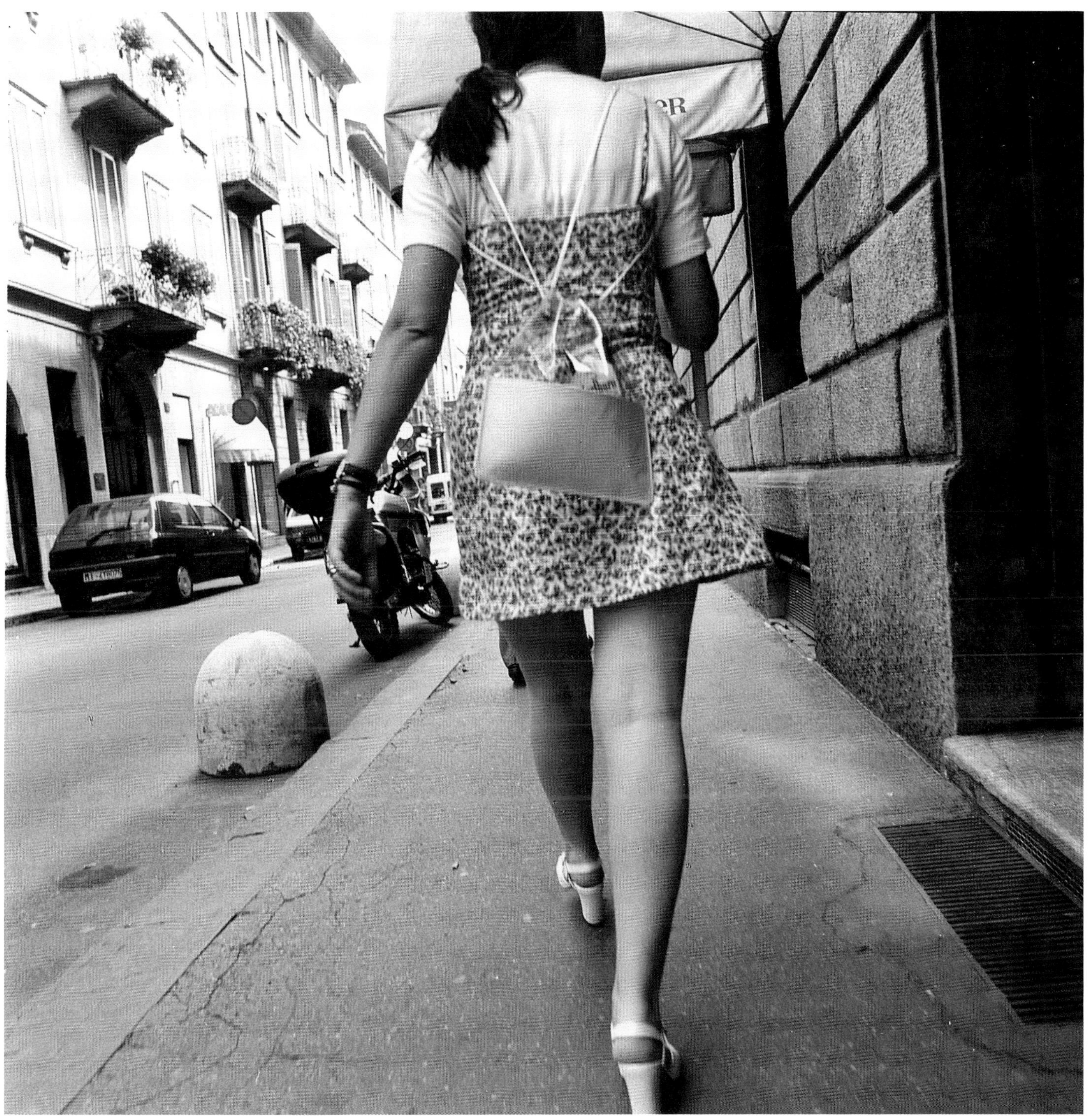

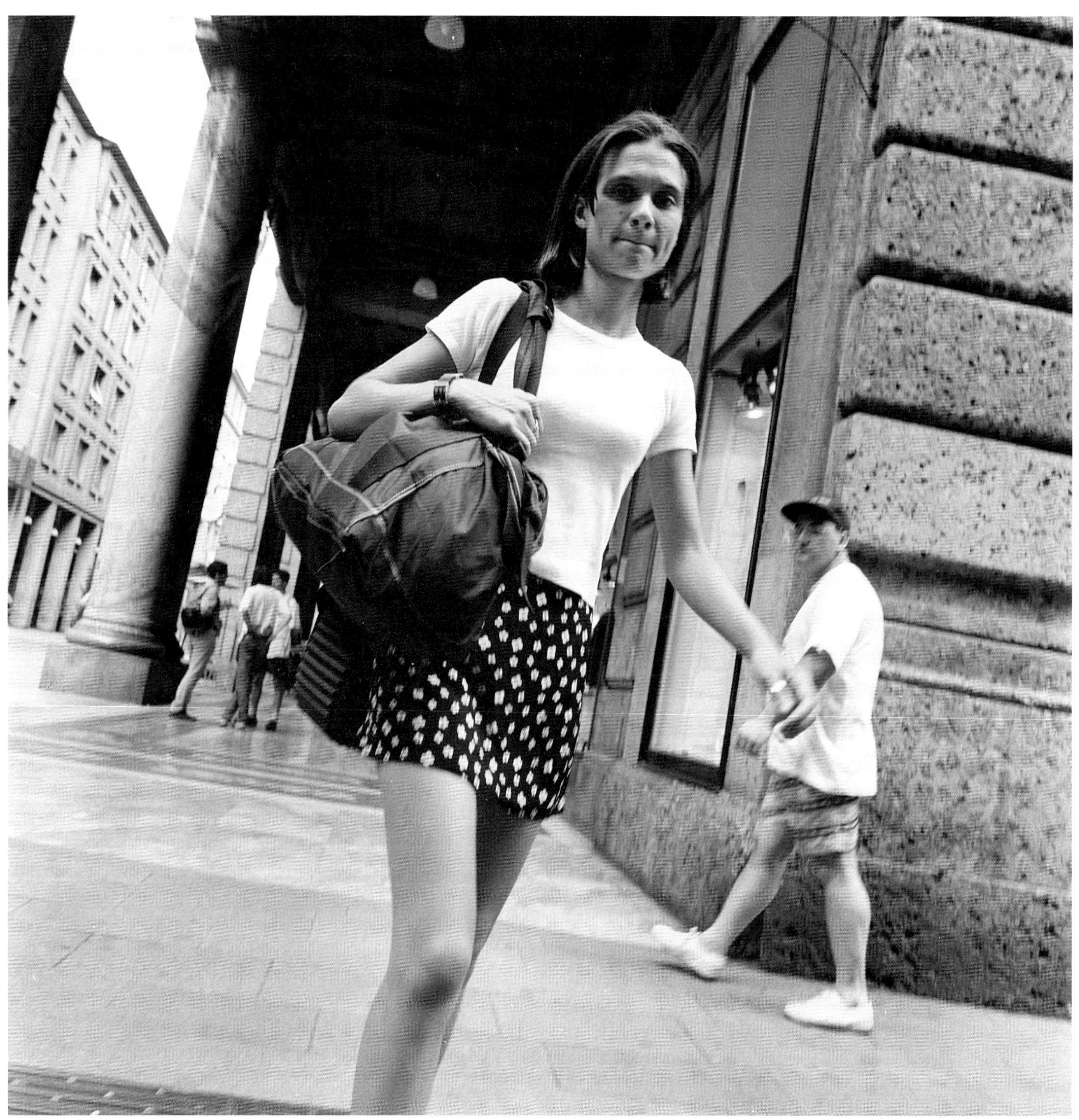

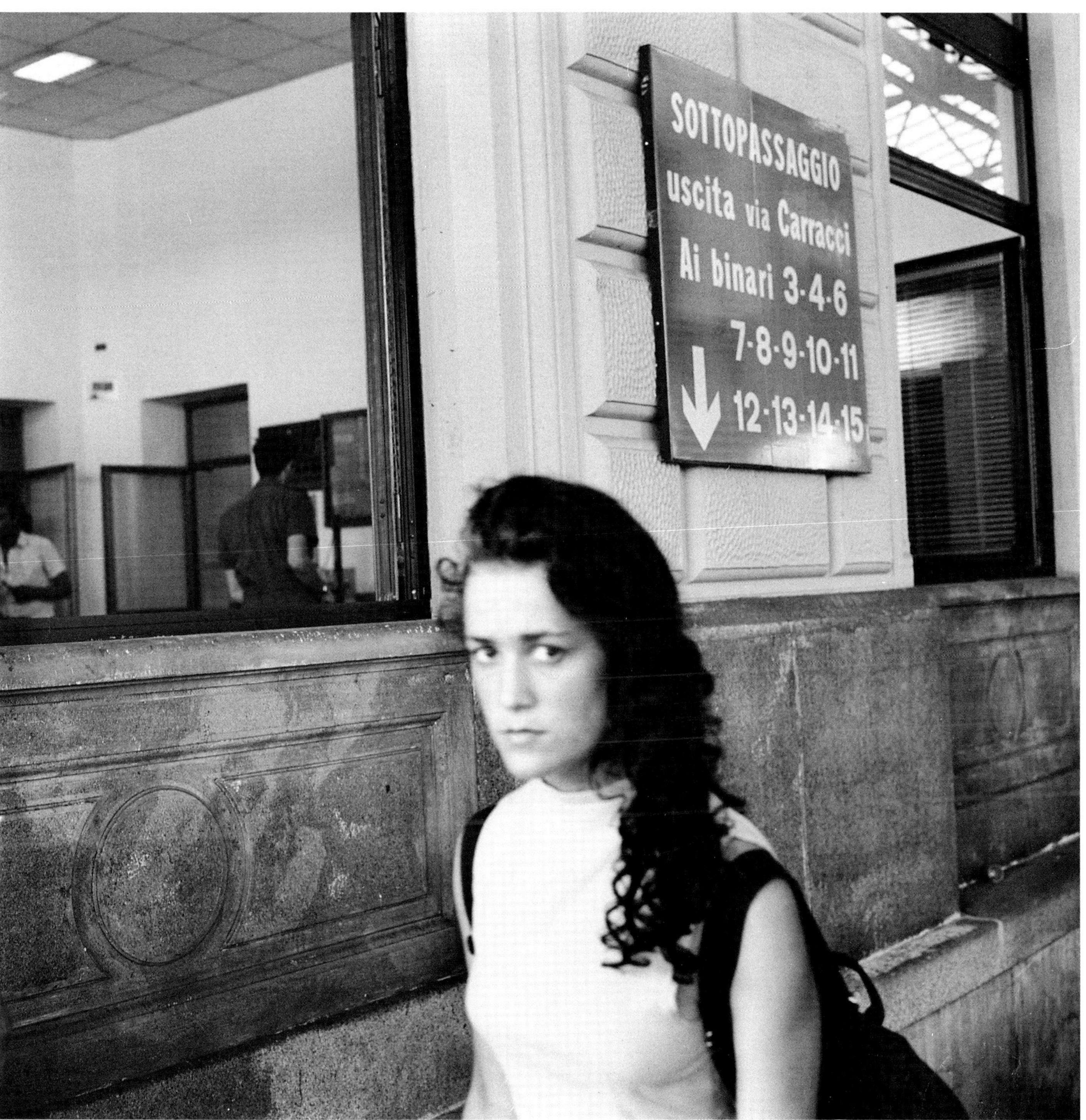

SOTTOPASSAGGIO
uscita via Carracci
Ai binari 3·4·6
7·8·9·10·11
12·13·14·15

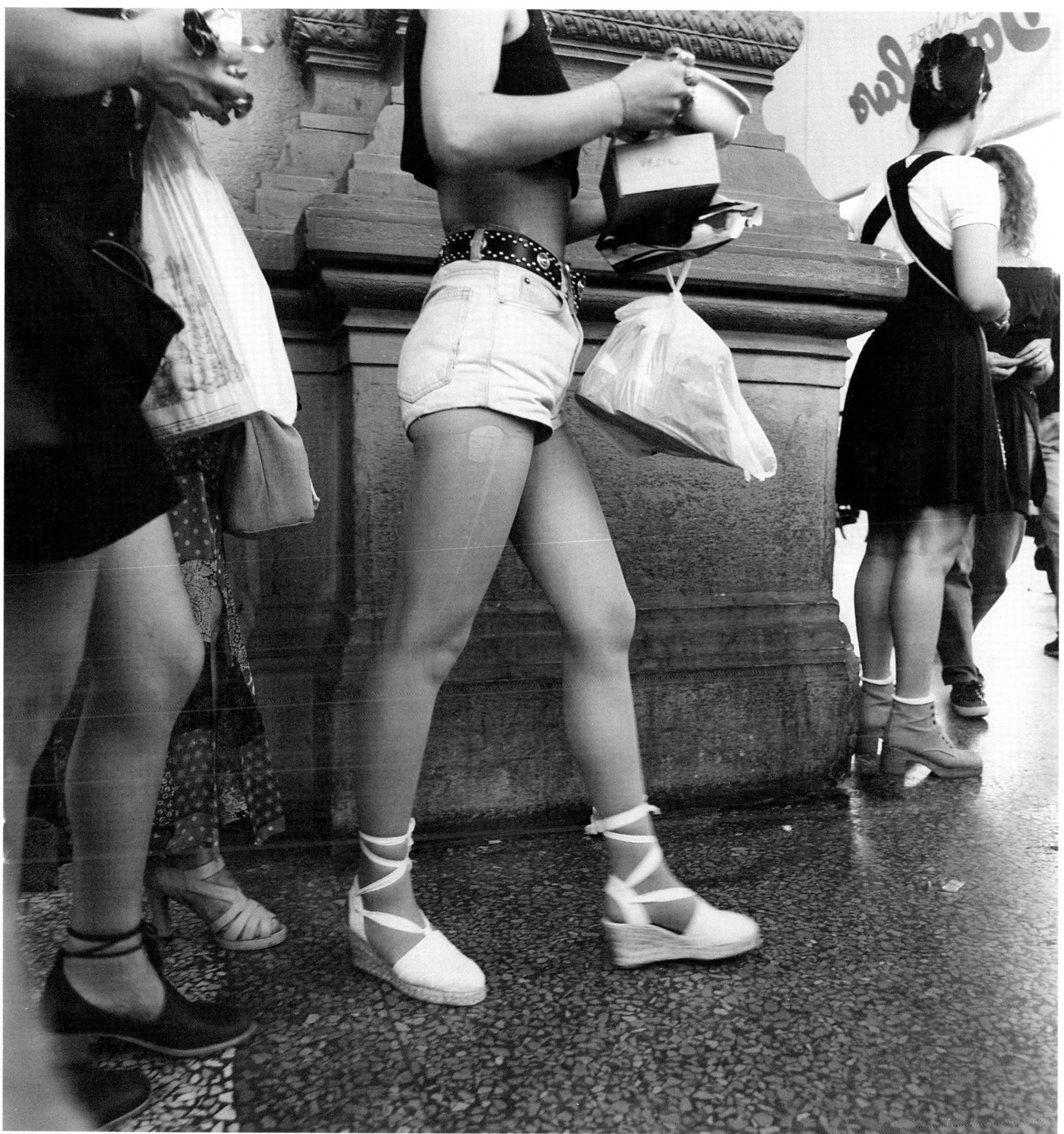

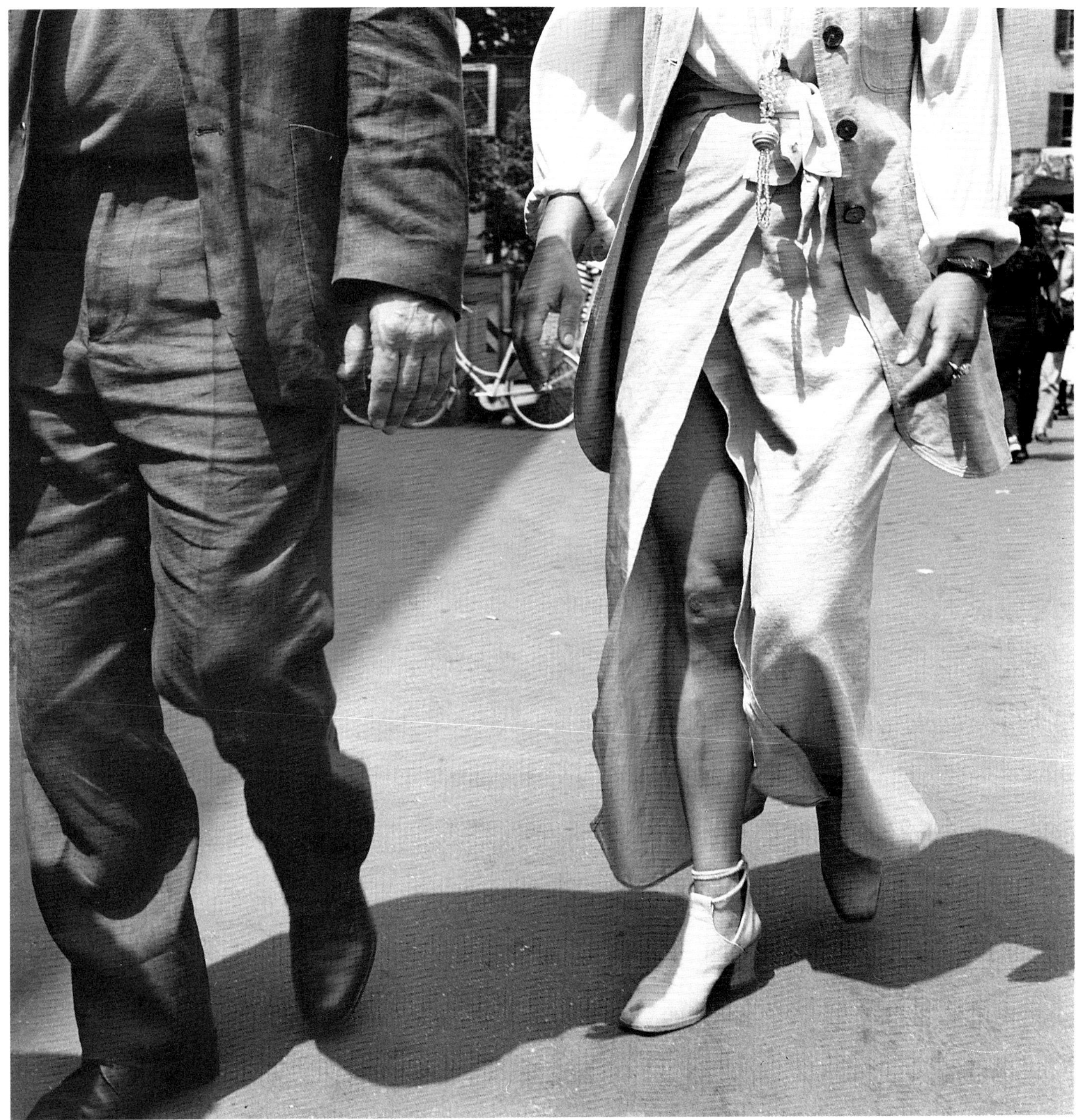

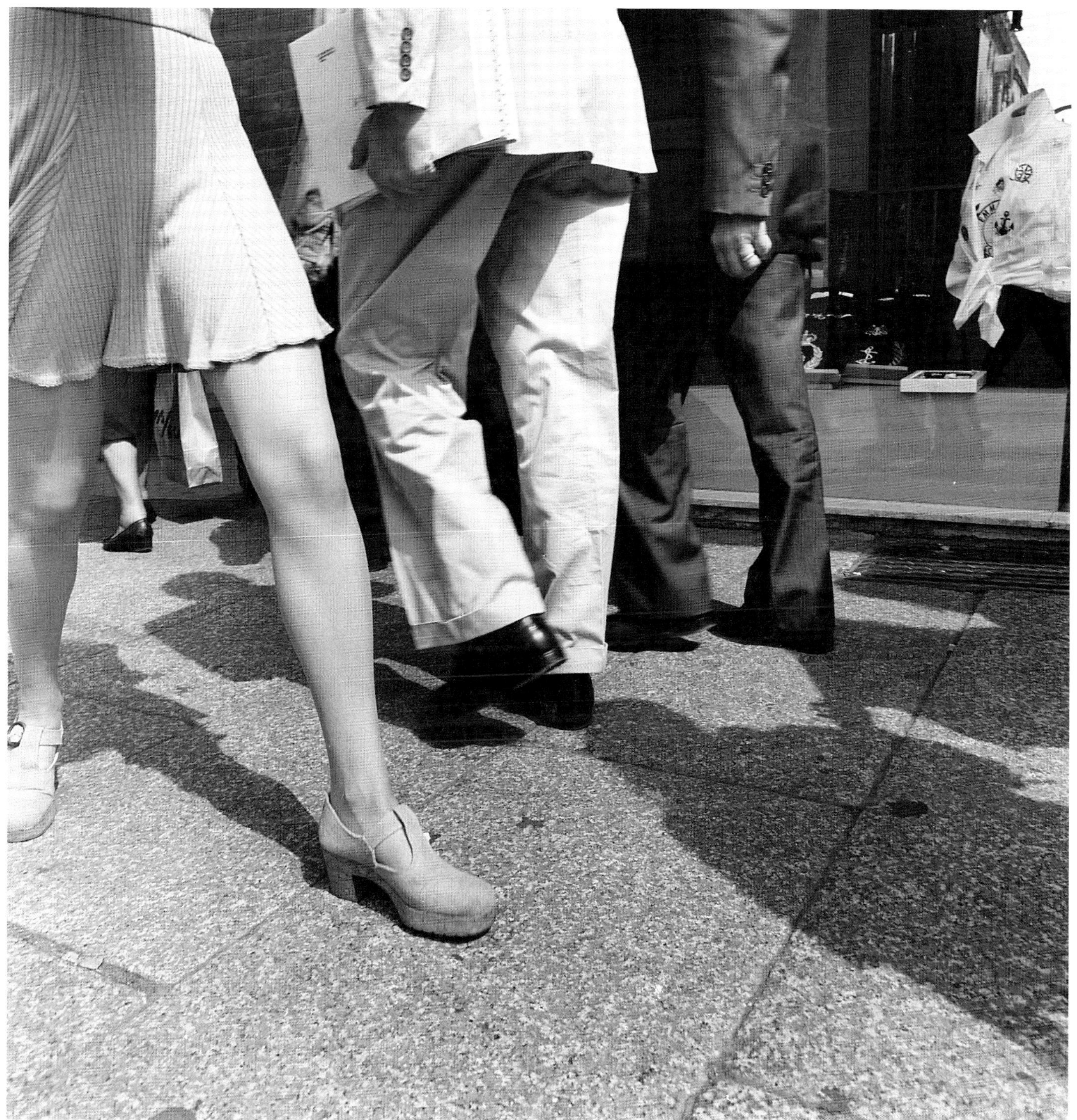

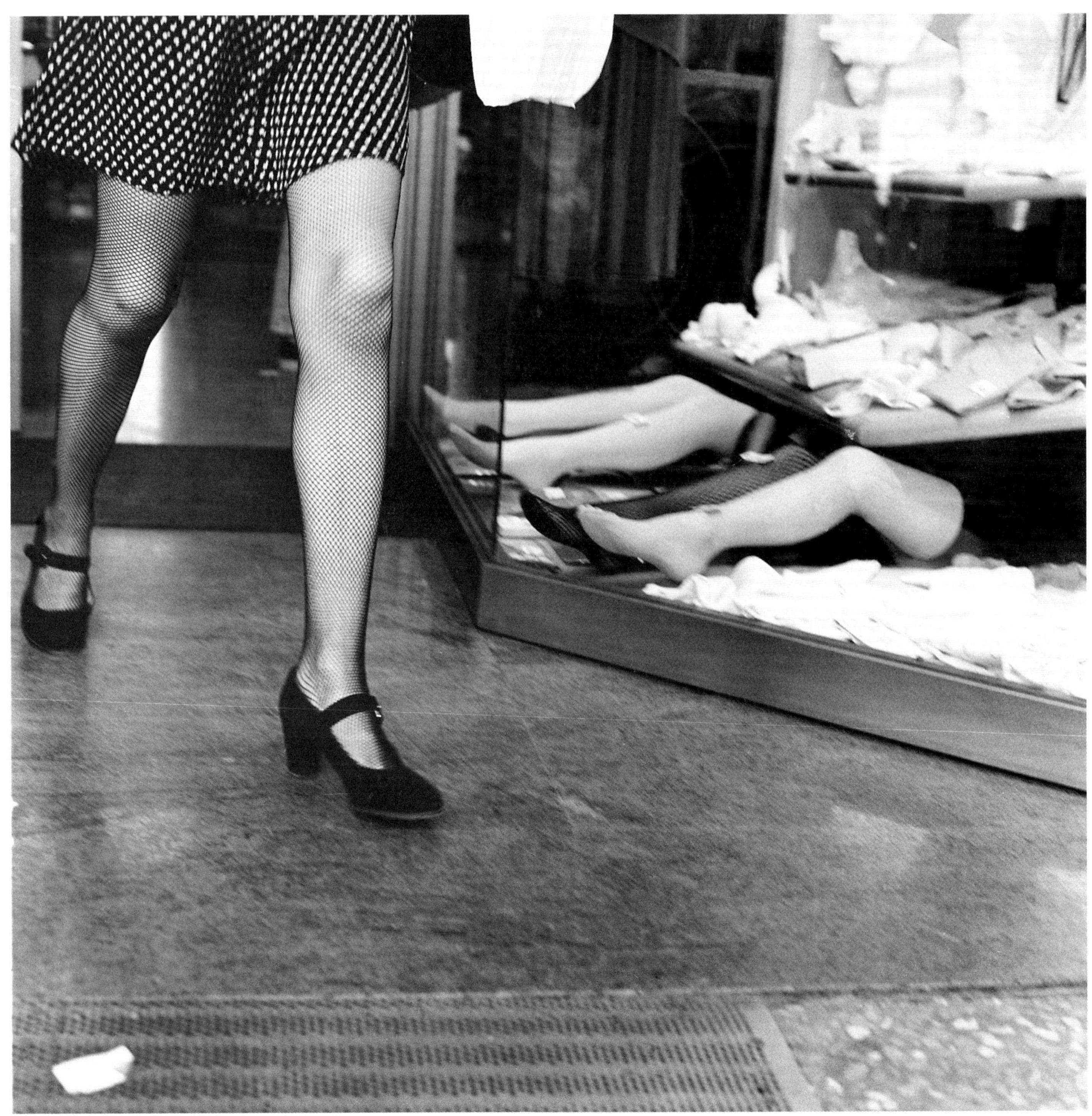

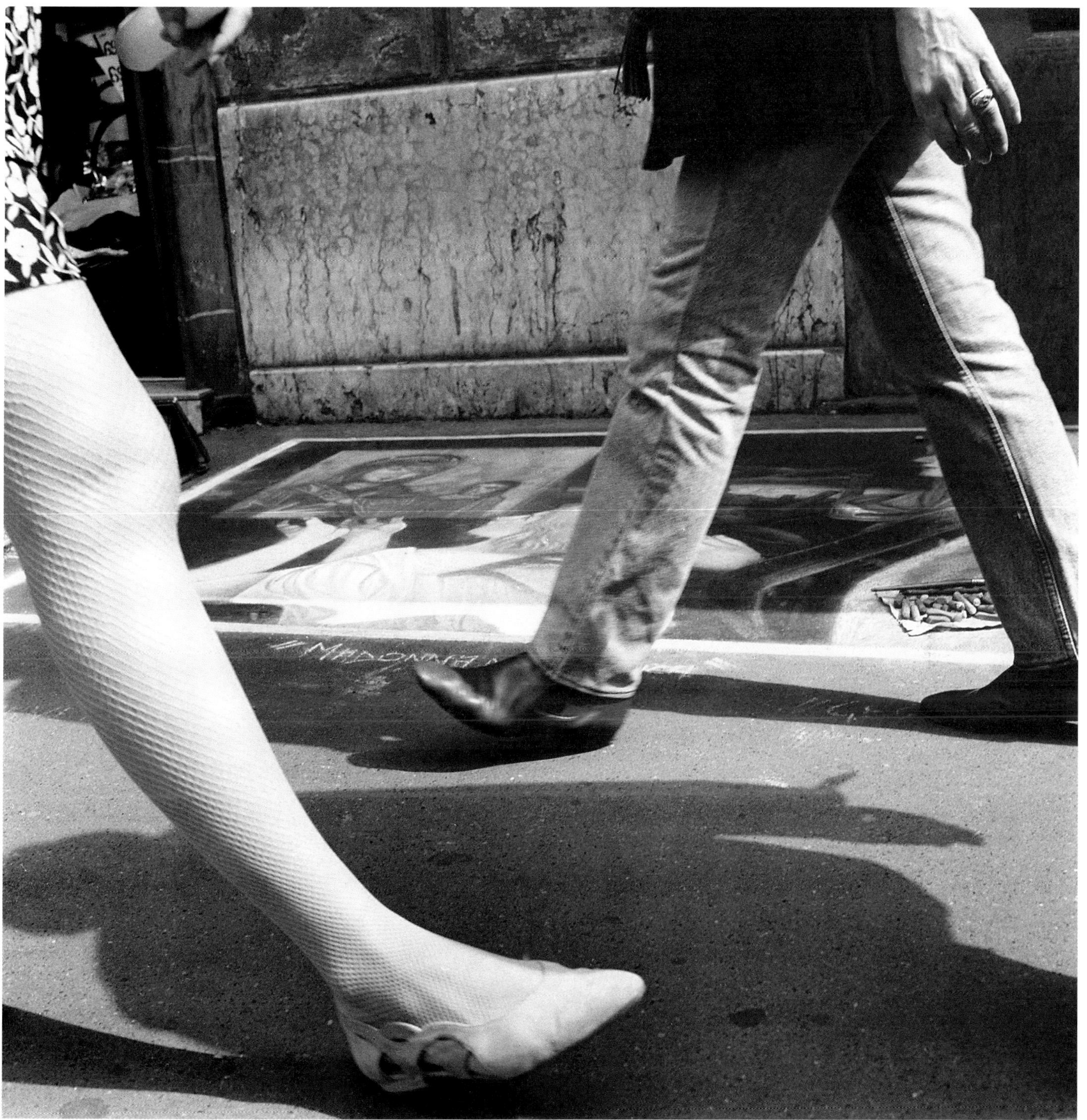

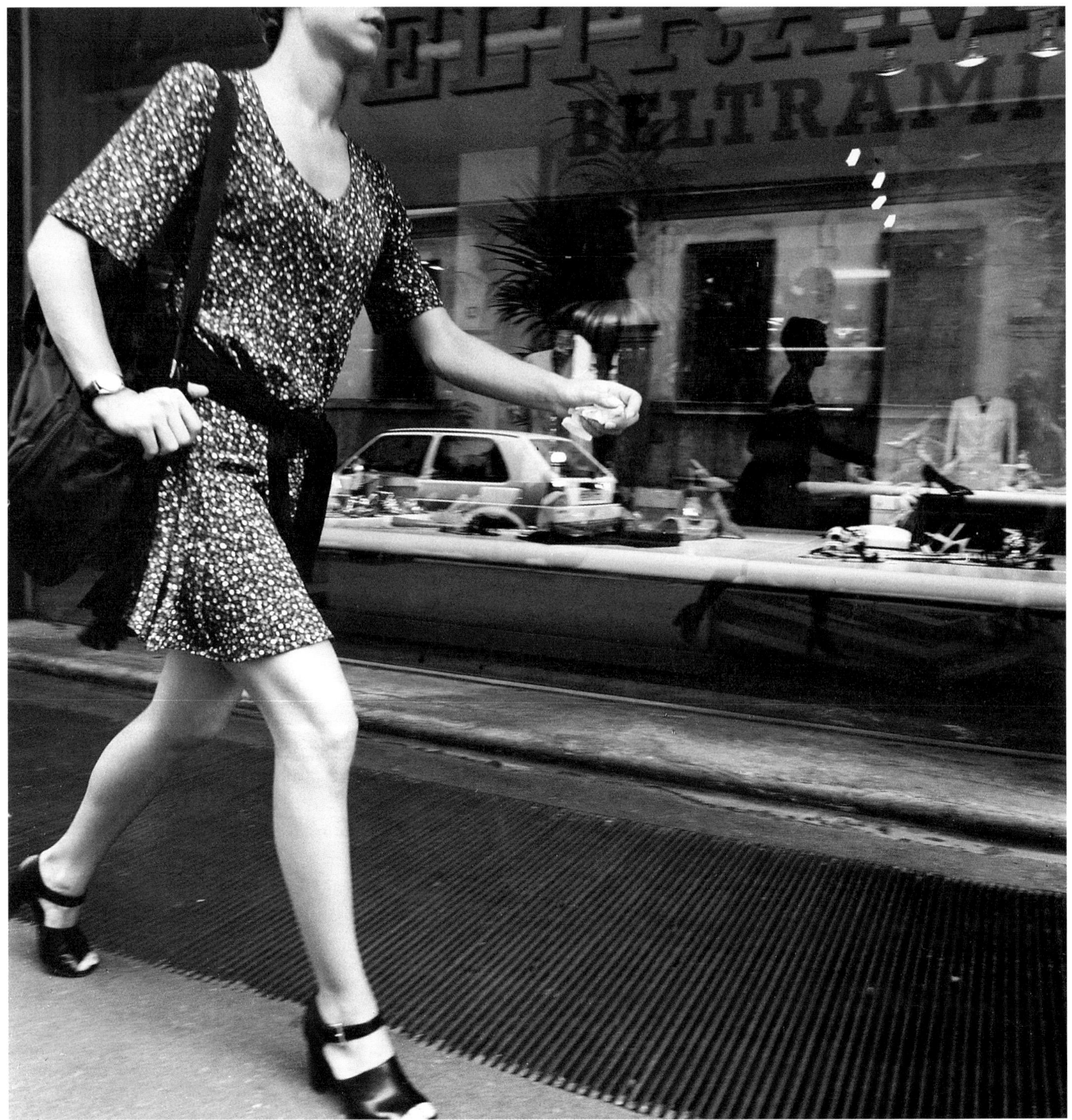
BELTRAMI

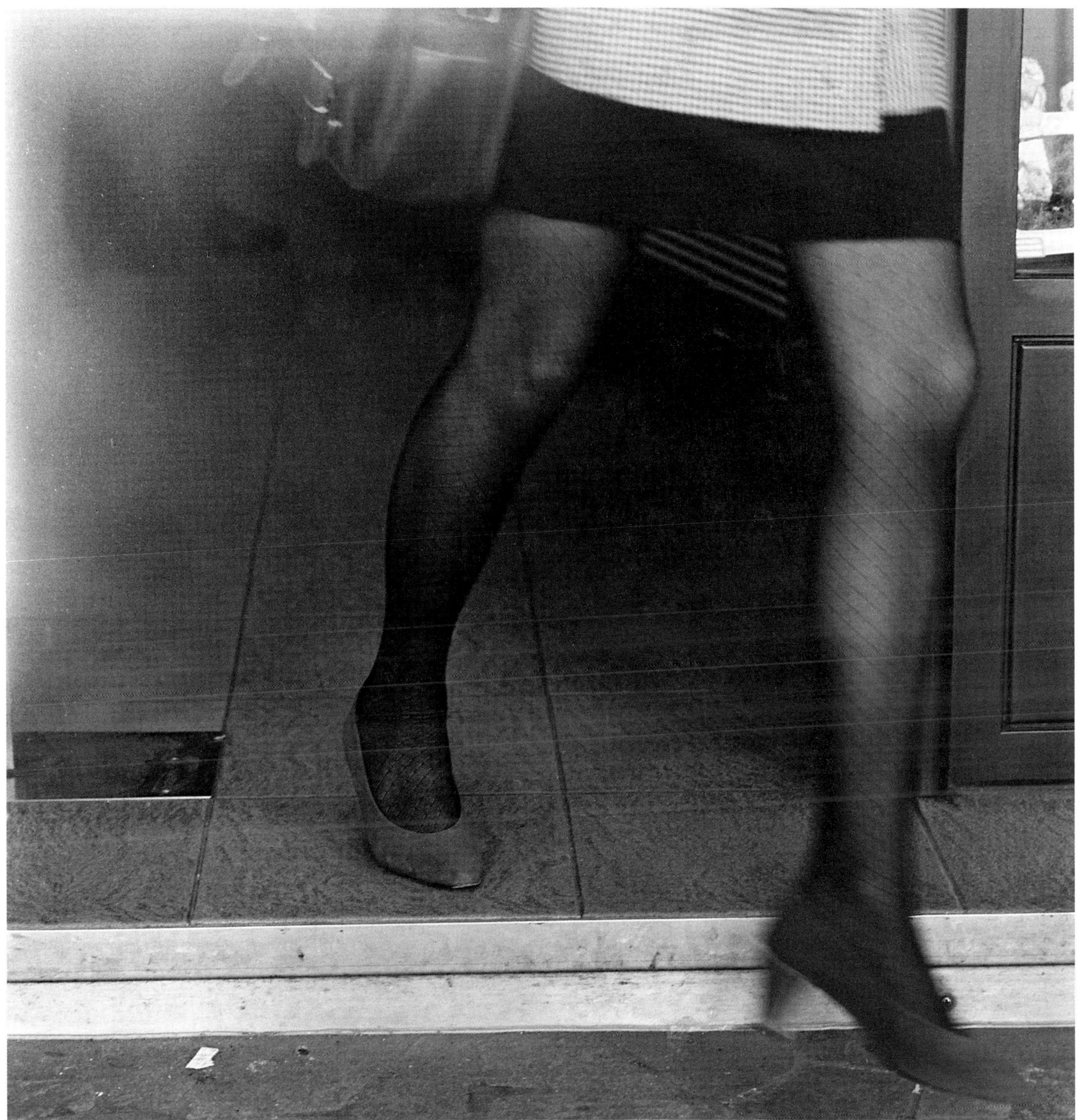

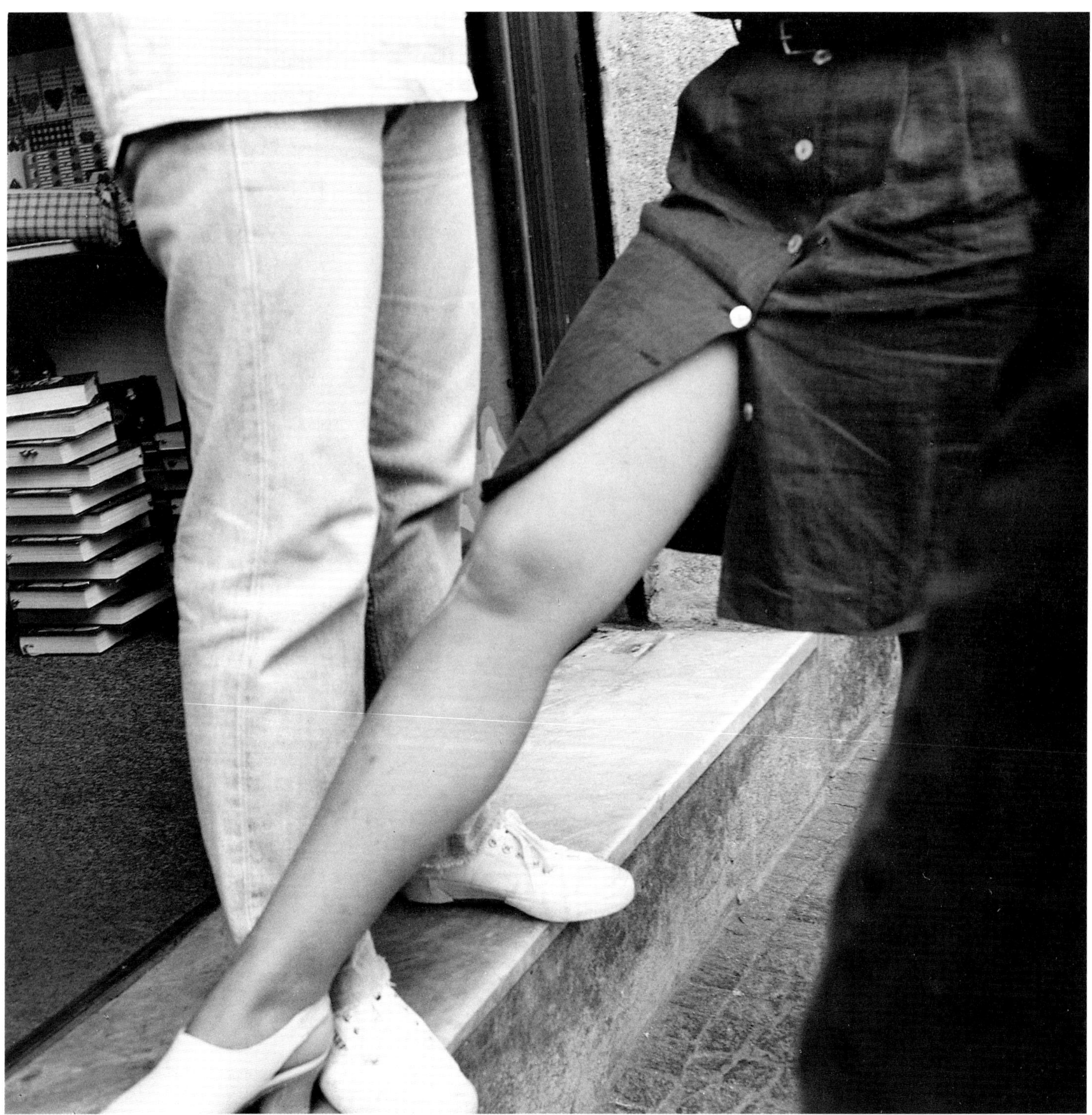

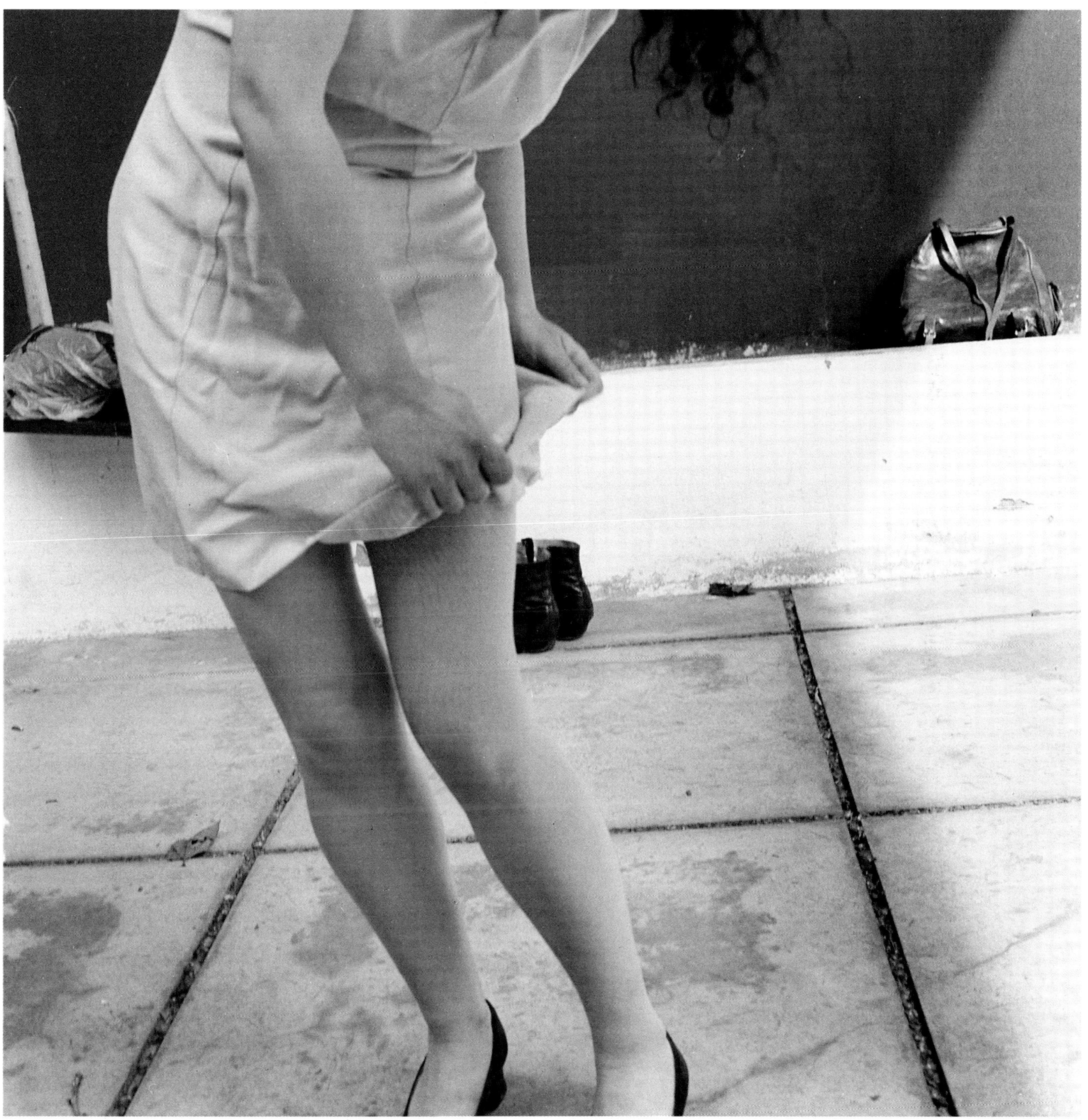

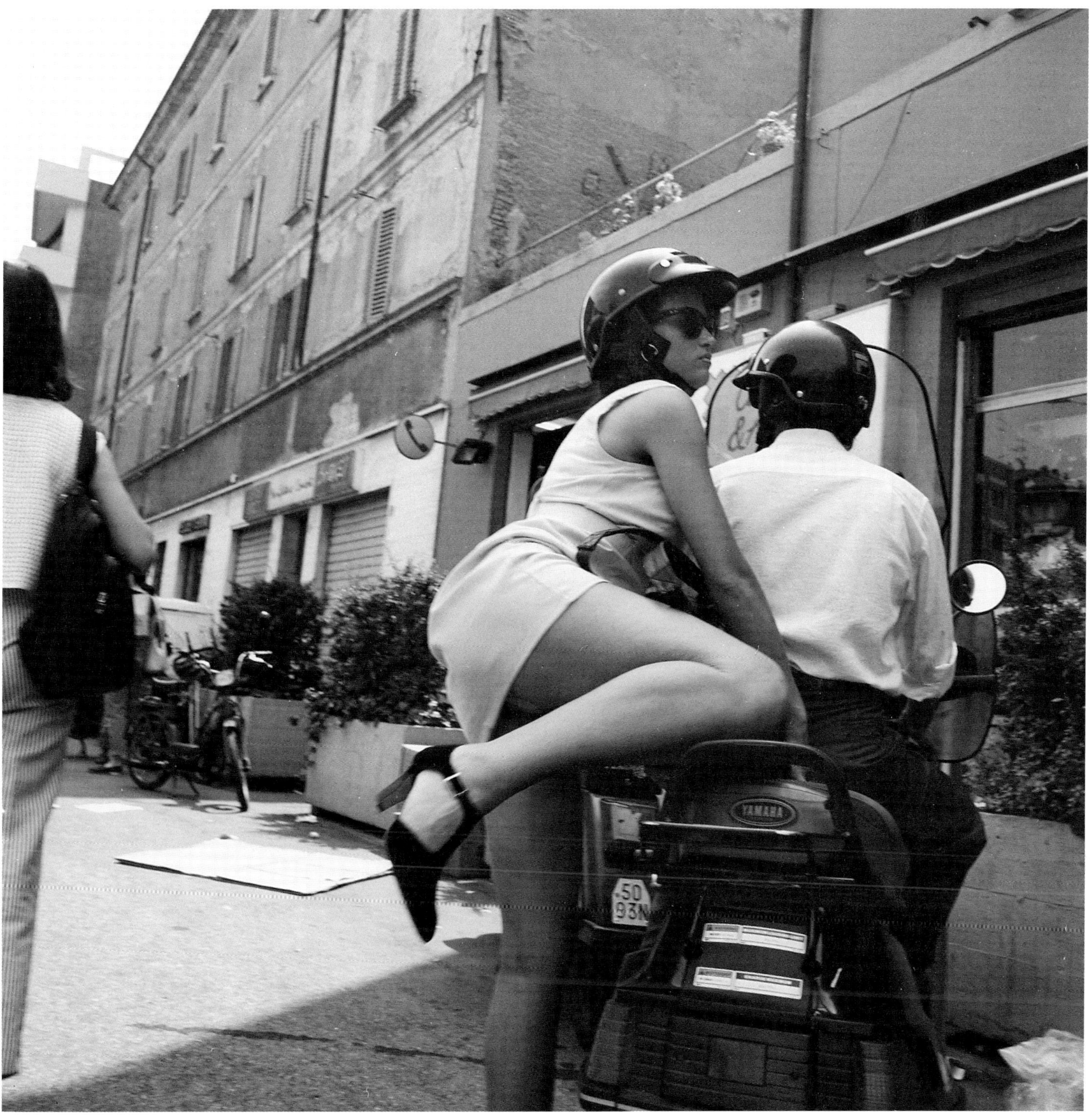

Attilio Gigli nasce a Pesaro nel 1934. Nel 1959 si laurea in Lettere-Storia dell'Arte all'Università degli Studi di Roma. Nel 1960 si trasferisce a Torino, dove è dirigente in un'azienda metalmeccanica dell'indotto FIAT fino al 1970. Dal 1971 al 1976 ha uno studio fotografico con Neri Carluccio. In questo periodo collabora con il critico Luigi Carluccio e con la Galleria Documenta. Dal 1977 vive a Castel San Pietro Terme (Bologna) lavorando come fotografo per aziende e istituzioni. In ambito bolognese ed emiliano, dall'incontro con Andrea Emiliani nascono committenze nell'ambito della fotografia di paesaggio, e frequenti collaborazioni con l'Istituto dei Beni Culturali della Regione Emilia-Romagna.

Attilio Gigli was born in Pesaro in 1934. In 1959 he graduated in Humanities and the History of Art from the University of Rome. In 1960 he moved to Turin where, until 1970, he was manager of an engineering company associated with Fiat. From 1971 to 1976 he ran a photographic studio with Neri Carluccio. At this time he worked with the critic Luigi Carluccio and the Galleria Documenta. Since 1977 he has lived in Castel San Pietro Terme (Bologna) working as a photographer for companies and institutions. In Bologna and Emilia, after meeting Andrea Emiliani, he began to receive commissions for landscape photography and frequently works alongside the Institute for Cultural Heritage of the Emilia-Romagna region.

1974
Torino, centro storico (a cura di / curated by
Lanfranco Colombo), SICOF Sezione Culturale,
Milano

1975
Dalla parte dei fotografi (a cura di / curated by Luigi
Carluccio), Artefiera, Bologna

1981
Attilio Gigli, Falvio Ventura, Dryphoto, Prato

1982
Luogo e identità nella fotografia europea (a cura di /
curated by Giovanni Chiaramonte), Meeting
dell'Amicizia, Rimini
Passaggi 1979-1982, Galleria Documenta, Torino
(personale / solo exhibition)

1983
La sperimentazione fotografica in Italia 1930-1980 (a
cura di / curated by Italo Zannier, Carlo Gentili),
Galleria d'Arte Moderna, Bologna

1984
Attilio Gigli (a cura di / curated by Roberta Valtorta),
Il granaio fotografia, Fusignano (personale /solo
exhibition)
Giorgio Morandi: l'immagine dell'Appennino (a cura
di / curated by Andrea Emiliani), Centro Studi G.
Morandi, Municipio di Grizzana Morandi, Bologna

1985
Una città per la cultura, Palazzo del Ridotto, Cesena

1986
Attilio Gigli fotografie (a cura di / curated by Roberta
Valtorta), Galleria Figura, Biella (personale / solo
exhibition)
Paesaggi bolognesi, Galleria Nuova Fotografia,
Treviso (personale / solo exhibition)

1987
Attilio Gigli, Guido Guidi, Giovanni Zaffagnini (a

cura di / curated by O. Clorari), Biloba Studio,
Bologna

1988
Dal vero, Palazzo Rosso, Bentivoglio

1989
*L'insistenza dello sguardo. Fotografie italiane 1839-
1989* (a cura di / curated by Paolo Costantini e Italo
Zannier), Palazzo Fortuny, Venezia

1991
Ritratti di case "Dietro la facciata" (a cura di /
curated by Renzo Renzi), Villa delle Rose, Bologna

1992
Architetture dell'inganno (a cura di / curated by
Andrea Emiliani), Palazzo Pepoli, Bologna

2000
I capanni della Piallassa (a cura di / curated by
Guido Guidi, A. Angelillo Acma), Parco del Delta del
Po, S. Alberto, Ravenna

Bibliografia selezionata / Selected Bibliography

Ezio Gribaudo, *Uno spazio chiamato Torino,* Hibla Editore, Torino 1974

AA.VV. *Artefiera 1975*, Bologna 1975

Andrea Emiliani, *L'artigianato e i suoi modelli*, Istituto per i Beni Culturali della Regione Emilia Romagna/Clueb, Bologna 1983

AA.VV., *Una città per la cultura*, Mazzotta, Milano 1985

Italo Zannier, *Manuale del fotografo*, Laterza, Bari 1985

AA.VV., *Bologna la bella*, L'inchiostroblu, Bologna 1987

AA.VV., *Verde Bologna*, L'inchiostroblu, Bologna 1988

Andrea Emiliani, *A gloria della pietra*, in: AA.VV., *La Provincia di Bologna tra parole e immagine*, Grafis, Bologna 1988

Paolo Costantini, Italo Zannier (a cura), *L'insistenza dello sguardo. Fotografie italiane 1839-1989*, Alinari, Firenze 1989

Renzo Renzi, *La città di Morandi*, Cappelli, Bologna 1989

Renzo Renzi, *Il Reno italiano*, Cappelli, Bologna 1989

Renzo Renzi, *Il sogno della casa*, Cappelli, Bologna 1990

Renzo Renzi, *Ritratti di case "dietro la facciata"*, Galleria d'Arte Moderna, Bologna 1991

AA.VV., *Architetture dell'inganno*, Arts & Company, Bologna 1992

Andrea Emiliani, Italo Zannier (a cura), *Il tempo dell'immagine. Fotografi e società a Bologna 1880-1980*, SEAT, Torino 1993

AA.VV., *La mercanzia di Bologna - Antiche botteghe artigiane*, Electa, Milano, 1995.

"Fotologia", n. 18/19, Alinari, Firenze 1997.

Per saperne di più su Charta
ed essere sempre aggiornato sulle novità
entra in **www.chartaartbooks.it**

To find out more about Charta,
and to learn about our most recent publications,
visit **www.chartaartbooks.it**

Finito di stampare nel novembre 2002
da Leva spa, Sesto San Giovanni
per conto di Edizioni Charta